hola universo, Soy Yo

Crónica de un colapso anunciado
para manifestar una vida nueva
(¡Y cómo tú también puedes hacerlo!)

Por Deepika Sandhu

Soul sparks PRESS

Diseño de portada por Adam Donshik.
Diseño y producción del libro por Little Men Roaring.
Fotografía del autor por Katie Thyken.
Traducción por: Ariadna Molinari Tato

ÍNDICE

NOTA DE LA AUTORA

Esta es mi historia, y así es como la viví. Es un libro sobre reflexiones y momentos de inspiración. Cambié algunos nombres, características y lugares. Algunos sucesos los condensé, mientras que otros los omití, y muchos diálogos tuve que reconstruirlos. Quienes me conocen quizá vean mi historia con otros ojos, pero esta es la magia de la vida, amigas y amigos.

IV

INTRODUCCIÓN

La mejor frase para describir mi relación con la espiritualidad es "curiosa, pero también escéptica". O quizás "conflictuada" sería una mejor palabra. Mi cerebro obsesionado con corroborar datos, hacer listas de pendientes, tachar los pendientes cumplidos, pensar de forma lógica, trabajar arduamente y lograr más y más y más era incapaz de abrirle la puerta a cualquier cosa que no pudiera ver, sentir, tocar u oír. Si algo no era lógico, mi cerebro simple y sencillamente se negaba a absorberlo.

Aun así, a pesar de mi escepticismo y mis ansias de priorizar la lógica, a una parte de mí siempre le intrigó la idea de que hubiera una fuerza más grande que la humanidad orientando, dirigiendo y orquestando esta vida. Esa curiosidad me acercó a gente, lugares y ámbitos capaces de ilustrar esta fuerza vital, aunque siempre lo hice con una dosis saludable de escepticismo.

Cuando llegué a la adolescencia, me fascinaba la lectura de manos. En la universidad, me atraparon la astrología y cómo el movimiento o la posición de los planetas reflejaba aspectos de nuestra vida. A los veintitantos aprendí a amar el yoga, y la conciencia física y mental que esta práctica trajo consigo fue una contribución que agradecí cuando empecé a navegar en los inexplorados mares del estresante y exigente mundo profesional. A los treinta y tantos, me parecían fascinantes los psíquicos y la gente capaz de tener premoniciones. Pero todo provenía de una insatisfacción acumulada a lo largo de la vida o del desfase con lo que creía que sería la vida una vez que al parecer lo tuviera todo. Cuando las cosas se pusieron especialmente complicadas, recurrí a gente que, a través de su perspicacia, intuición y capacidad premonitoria, me ayudó a reconciliarme con el conflicto que me causaba el momento que estaba viviendo. Aun así, nada me resonaba del todo. *Nada*. Me intrigaba, pero no era significativo. Era una forma de entretenimiento, no algo que me inspirara a cambiar mis comportamientos y mis creencias sobre la vida y la forma en que la vivía.

Ahora que tengo más de cuarenta, me doy cuenta de que en realidad nunca fue necesario buscar las respuestas a mis conflictos fuera de mí misma. La lectura de manos, la astrología, las psíquicas, los médiums y todas esas personas y esos lugares ajenos a mí en los que buscaba significado o sabiduría eran meros portales para entender que las respuestas que buscaba no estaban en el mundo exterior. Estaban dentro de mí. No necesitaba un gurú sofisticado ni un boleto de avión a India; sólo me hacía falta cultivar la relación conmigo misma, confiar en mi intuición y ver *(pero de verdad ver)* las señales y los mensajes que la vida me estaba poniendo enfrente. Necesitaba actuar como mi propio yo superior, la mejor versión de mí misma, mi yo más alineado, consciente y sabio para genuinamente ver y oír lo que el Universo quería para mí.

Todo esto tomó tiempo, pero, una vez que logré aprovechar la energía que me rodeaba y elevarme, fui capaz de escuchar las múltiples formas en las que el mundo nos habla y la manera en la que nuestra propia alma se comunica con nosotros. Por fin empecé a ver con claridad las respuestas que me habían rehuido durante mucho tiempo. Empecé a vivir tal y como estaba destinada a hacerlo.

Esta es la historia de cómo aprendí a funcionar desde un lugar de energía positiva y a confiar en mi propia intuición, y de cómo forjé el vínculo con el mundo que me rodea y empecé a ver la magia en mi interior y a alinearme con mi propósito superior para llevar una vida inspirada. Te pido que me acompañes en este viaje, en el que te enseñaré a canalizar la energía, alzar tus vibraciones y manifestar la vida que deseas. Sin importar en qué momento de la vida estés, confío en que reconocerás que tienes todo en tu interior para hacer los cambios que necesitas y llevar la vida que estás destinado a vivir. Sólo necesitas abrir tu mente y tu corazón, y animarte a avanzar paso a paso.

El Universo y yo estaremos aquí para ayudarte.

Así que, ¡empecemos!

CÓMO USAR ESTE LIBRO

Confío en que este libro te hará más accesible la espiritualidad, en que a través de mi propia historia verás cómo puedes cultivar tu propia relación con el Universo de una forma que a ti te funcione y en que estas palabras activarán suaves campanadas en tu interior que te permitan embarcarte en el viaje a convertirte en tu yo más auténtico. Espero mostrarte que no (necesariamente) es indispensable hacer viajes exóticos, adorar deidades extranjeras ni nada por el estilo para encontrar aquello que está arraigado en lo más profundo de tu ser. Mi viaje ocurrió en la intimidad de mi casa, con muchísima introspección y cultivando activamente mi propia conciencia, lo cual (al final) me permitió ver lo que ya tenía enfrente.

Cada capítulo inicia con una carta dirigida al Universo. Para mí, el Universo representa la Eternidad, la Omnipresencia, la Divinidad. Quizá para ti sea Dios, el Espíritu Santo, la Esencia, la Fuente, el Creador. Sin importar qué etiqueta le pongas, basta con reconocer que es la fuente omnipresente e icónica, la energía que representa nuestra verdad por excelencia. Es la Unidad con la que siempre intento vincularme para que me oriente y ayude a destrabar mi verdad interior. Cultivé una relación con el Universo con la finalidad de trascender la vida que estaba llevando y vincularme con todo aquello que está más allá de este reino físico.

Las entradas incluidas aquí están inspiradas en el diario que llevé durante ese periodo de mi vida. Después de cada entrada en la que comparto un poco sobre mi historia personal, termino cada capítulo con una carta amistosa que inicia con un "Hola, colega". Tú eres mi colega. Es a ti a quien le hablo. Tú eres quien espero que tenga enemil hermosos momentos de revelación.

Tú eres quien puede encontrar tu yo más verdadero. Estas cartas para ti son una pequeña muestra de lo que puede ayudarte a llegar ahí. A través de mantras, afirmaciones, ejercicios y meditación, te mostraré cómo incorporar prácticas espirituales a tu vida cotidiana. Son pequeños pasitos que puedes ir dando para avanzar hacia donde está tu versión más auténtica.

Ante todo, espero que asomarte a mi vida y mi historia, y ver cómo puede vincularse con tu propia historia te ayude a ver que tu historia es importante, que la forma en que transitas la vida es importante y que encontrar a la persona que estás destinada a ser y lo que estás destinada a ofrecerle al mundo también es importante. Te veo tal y como eres. Y pronto tú también te verás con claridad.

HOLA, UNIVERSO. SOY YO

SECCIÓN 1: VERME
(Y CÓMO TÚ TAMBIÉN PUEDES VERTE)

CAPÍTULO 1

Hola, Universo:

Debo reconocer que eres persistente.

Ahora que al fin te conozco, me doy cuenta de que siempre estuviste ahí, aunque no me diera cuenta. Eras el hombre que me detuvo en seco mientras iba corriendo al trabajo para hacerme un cumplido. Eras el perrito peludito de los ojotes adorables que se cruzaba en mi camino durante mis paseos vespertinos. Eras el chispazo que sentía en el vientre cuando hacía algo que me llenaba de vida. Durante esos efímeros instantes, percibí que algo o alguien intentaba atraer mi atención, pero decidí cerrar los ojos para que no me deslumbraran las señales que me estabas mandando. No tenía la conciencia necesaria para darme cuenta de que eras tú. Estaba tan enfrascada en mis ideas y en mi vida supuestamente extraordinaria que no me detuve ni medio segundo a pensar en ti.

Me da rabia pensar que en ese momento estaba demasiado enfocada en tachar cosas de mi lista de pendientes. Y sí, ya sabes a qué lista de pendientes me refiero. Apuesto que, cada vez que me veías anotar pendientes y tacharlos, te reías para tus adentros porque sabías que, tarde o temprano, me iba a salir el tiro por la culata. ¿Verdad que sí? En fin, gracias por dejarme hacer lo que necesitaba hacer para darme cuenta de que ya no era necesario seguirlo haciendo.

3

Te juro que estaba convencida de que esas listas de pendientes funcionarían, pero era demasiado ingenua como para ver más allá de mis narices. Estaba muy ocupada estudiando para obtener las mejores calificaciones posibles en la universidad y conseguir después un supertrabajo. Estaba muy ocupada trabajando en una oficina para escalar el muro del éxito corporativo y obtener un ascenso y luego otro, y luego otro. Estaba muy enfrascada en el deporte profesional de las citas románticas con el objetivo de encontrar a mi Príncipe Azul. Estaba ocupada conduciendo mi auto deportivo, yendo a los mejores restaurantes, viajando a los destinos más costosos y presumiéndolo todo en la red social de moda. De día, salía con mis amigas a beber cappuccinos, y de noche, me reunía con ellas a beber martinis. Estaba muy ocupada comprando bolsos de diseñador, ropa hermosísima y muchísimos zapatos (incontables pares de zapatos), como si eso fuera a conducirme al lugar indicado. Me la pasaba haciendo esto y haciendo aquello y haciendo lo de más allá.

Siempre supiste que las listas de pendientes me fallarían, y de cualquier forma me dejaste fallar. Supongo que fue indispensable para permitirme llegar al lugar indicado. Como bien sabías (y yo descubrí después), ninguna de esas listas de pendientes decían "Sé feliz" o "Vive tu propósito supremo" o "Alíneate con tu alma". No, ninguna de las listas incluía esos pendientes. Si por error alguien hubiera puesto algo así en una de mis listas, ¡me habría enfadado! Para empezar, no tenía idea de qué significaban esas expresiones. En vez de eso, tuvo que llegar el día en el que despertara y me diera cuenta de que, después de años de tachar pendientes, después de hacer todo lo que supuestamente creía que necesitaba hacer, me seguía faltando algo crucial.

Creía que había atravesado la meta de la vida y que, a partir de entonces, todo sería miel sobre hojuelas. Es decir, tenía un gran historial académico, una supercarrera profesional, un matrimonio, una casa propia, un bebé... y creía que estaba viviendo una vida extraordinaria.

Pero siempre iba a las prisas. Era como si, entre más rápido corriera, más cosas hiciera, más publicara al respecto en redes sociales y más pendientes tachara de la lista, mejor sería mi vida. Creía que el maratón se corría igual que un sprint, así que corrí y corrí y corrí tan rápido como pude, y luego colapsé en la meta, exhausta, y me di cuenta de que, aunque creía haber llegado a algún lado o haber logrado algo, no era cierto. No había logrado nada ni llegado a ningún lado.

Me enseñaron a ser adicta al éxito. Cada paso que daba estaba diseñado para alcanzar la siguiente medida externa de éxito. Mis padres me lo inculcaron desde pequeña: la satisfacción y la felicidad personales sólo se obtienen al tachar pendientes de la lista. De niña, esto consistía en sacar buenas calificaciones, hacer la tarea, ser educada con las visitas, vestirme como una muñequita para que la gente nos admirara... y esos logros eran acumulables. Mi lista de pendientes se enfocaba en logros, y no había ni un solo rubro relacionado con la felicidad.

Por lo tanto, no era feliz. Los logros no me bastaban. Tener una casa digna de la portada de una revista de decoración de interiores no me bastaba. Tener más de un armario lleno de ropa sofisticada no me bastaba. ¿Acaso tampoco me bastaba tener una niña hermosa, feliz y saludable? ¿Era muy egoísta e ingrato de mi parte darme cuenta de que tachar todos esos pendientes y obtener todos esos logros y hacer todas esas cosas no me había conducido al lugar indicado? Mi mundo era la envidia de mucha gente que no sólo veía en él una vida plena, sino también una vida rebosante de cosas buenas. Veían las cosas materiales, los logros profesionales, la familia, las sonrisas Colgate expuestas en las redes sociales, y pensaban "Esa mujer lo tiene todo". Pero empecé a darme cuenta de que ir siempre a las carreras no me había llevado a ningún lado en la vida. Estaba sobrecargada, exhausta, vacía y triste. Y esa fue la llamada de atención que me obligó a despertar.

Ahora bien, reconozco que esta revelación no salió de la nada. Eres experto en ir dejando pistas por ahí de que las cosas no van bien. Cada vez que me quedaba a solas con mis pensamientos o que tenía un momento de silencio inesperado, surgía la inquietud desoladora de que todos esos logros no estaban teniendo el efecto que yo creía que debían tener. Pero en ese entonces no me daba permiso para coexistir con esos nanosegundos de revelación. Si ignorarte y hacer a un lado esas sensaciones hubiera sido deporte olímpico, me habría llevado la medalla de oro. Aun así, las sensaciones persistían. Me jorobaban y jorobaban. Brincoteaban y exigían mi atención como un niñito inquieto. No pude seguirlas ignorando. Mi vida no estaba del todo bien. Necesitaba replantear mis acciones. Necesitaba enderezar el rumbo. Necesitaba descifrar por qué todo lo que siempre había creído que necesitaba y quería ya no era lo que necesitaba ni lo que quería.

Por esa razón, saqué mi agenda y planeé el colapso.

Con amor,
Yo

Somos seres humanos, no *haceres* humanos. Aun así, vivimos en un ciclo constante de "hacer cosas" que nos inculcan desde una edad muy temprana. Los niños de hoy en día están más ocupados que nunca. Lo sé de primera mano, pues tengo una hija en edad escolar que va a clases de ballet, pintura, natación y piano a lo largo de la semana, y eso que es la niña de su grupo que tiene menos actividades extracurriculares. Nuestros hijos son *hacedores* porque sus padres venimos de una generación de *hacedores*. Y también empezamos desde pequeños. Por ejemplo, en el bachillerato nos condicionan a que, entre más cosas hagamos —como unirnos a un club de debate, al equipo de porristas, a un equipo deportivo o a una sociedad filantrópica, además de triunfar a nivel académico—, tendremos más oportunidades de entrar a una buena universidad. Nos condicionaron a hacer más, y más, y más… ya fuera socializar más —ir a más fiestas, beber más, tener más citas románticas, emprender más aventuras— o aprender más —estudiar dos carreras, estudiar posgrados, estudiar en el extranjero, tomar optativas adicionales, etc.

Y no se acaba al salir de la universidad. El resto de nuestra vida real consiste en ir, ir, ir. Lograr. Triunfar. ¿Cuánto ganas? ¿Qué auto conduces? ¿En cuántas apps de citas estás? ¿Cuántos novios tienes? ¿Cuántos casi-algos? ¿Caminaste al menos diez mil pasos hoy? ¿Te mediste con los carbohidratos? Etcétera, etcétera. Contamos y llevamos registro de todo. Somos la sociedad de los puntajes, y yo no sólo me empeñaba en llevar los míos, sino también los de otros. Entre más cosas hacía y más likes, clics y comentarios acumulaba, más me convencía de que estaba siendo percibida, lo que, a su vez, significaba que debía ser mejor hacedora que los demás… o al que menos era capaz de mantenerme al corriente con lo que estaban haciendo los demás.

Mi puntaje era altísimo. Estaba ganando el juego de la vida. Si hubiera estado en un enorme estadio deportivo, los monitores gigantes sobre el campo habrían estado anunciando en mayúsculas y negritas: **¡¡ESTÁS ARRASANDO!!** Pero lo que no quería reconocer era que la reventada era yo.

Sin embargo, no tenía razones para cuestionarlo. Mi vida era similar a la que llevaban otras personas a mi alrededor. Todas las mamás trabajadoras de mi oficina, las de mis películas y series de televisión favoritas, y a las que seguía en redes sociales parecían estar haciendo las mismas cosas. Hacían malabares con los hijos, su carrera, su marido… ¡y sin siquiera despeinarse! Así que yo debí ser capaz de lograrlo también, ¿no? Sin embargo, si por casualidad tenía un instante de tranquilidad mientras caminaba a solas o tomaba una taza de café en el jardín trasero de mi casa, literalmente escuchaba el agotamiento en mi voz interna que se preguntaba *¿Por qué siento que algo no anda bien? ¿Por qué siento que soy una impostora en la vida que siempre creí que quería?*

Eso pasó en la víspera del primer cumpleaños de mi hija. Estaba desesperada por lograr que se durmiera. Estábamos haciendo nuestra rutina nocturna habitual en su cuarto, la habitación de elefantitos con tonalidades grises, blancas y naranjas. Antes de que naciera, no sabíamos si iba a ser niño o niña, así que diseñamos un cuarto en colores neutros. Era un reflejo de nuestro amor: mi mamá hizo las cortinas a mano, mi tía tejió unos cojines hermosos para el acogedor sillón de la esquina, mi hermano y mi hermana pintaron el cuarto, y mi esposo y mi hermano armaron la cajonera comprada en Ikea, la cual requirió una cantidad ridículamente grande de tiempo. Vertimos muchísimo amor en ese espacio para que nuestro bebé lo disfrutara durante los años venideros.

Ahora, nuestra bebé estaba a punto de cumplir un año. En lugar de que eso me resultara asombroso, la llevé a la cama antes de tiempo con la esperanza de que se durmiera más rápido que otras noches (sin mucho éxito). Me urgía que se durmiera para terminar de preparar su fiesta. Necesitaba armar las decoraciones hechas a mano, acomodar a la perfección los sombreritos y los pañuelos (porque la temática era de vaqueros), escribir con letra hermosa ingeniosas frasecitas alusivas al Viejo Oeste en pizarrones plegables, armar las bolsitas rosas de dulces para los invitados y pegarle a cada una la calcomanía personalizada con el nombre de mi hija que había mandado a hacer. Ah, y encima de todo tenía que cerrar las treinta bolsitas con cinta rizadora. ¡Necesitaba que el moño y los rizos de cada cinta fuera perfecto! Me esperaban varias horas de preparación, pero mi pequeña no tenía la menor intención de conciliar el sueño. Cuando al fin se durmió, me puse manos a la obra y logré terminar poco después de la medianoche. Estando rodeada por las decoraciones, los moños, las bolsas rosas y los sombreritos vaqueros, me inundó una oleada de agotamiento absoluto.

¿Por qué insistí en desvelarme para perfeccionar las decoraciones dignas de Pinterest para el cumpleaños número uno de mi hija? Como se podrán imaginar, fue una fiesta de ensueño, con sombreritos de vaquero color rosa, parrilleros profesionales, un zoológico interactivo, un mago y regalitos envueltos a la perfección para los invitados. ¡Fue extraordinaria! Pero ¿por qué la hice? ¿Por qué me sometí a eso? Me agoté armando una fiesta y procurando que no se notara el esfuerzo. La gente la disfrutó, y recibí toda clase de cumplidos durante el festejo, pero ¿en verdad era indispensable?

Sé que mi hija nunca recordará su primer cumpleaños. Se quedó dormida a media fiesta y no participó en el zoológico interactivo. De hecho, muy a su pesar, tuvimos que despertarla cuando llegó la hora de cortar el pastel. Y, si bien tengo fotos hermosas del evento y fue divertido, me pregunto por qué durante tanto tiempo me empeñé una y otra vez en partirme el lomo organizando increíbles fiestas, cenas elegantes y grandes celebraciones de Acción de Gracias. ¿Por qué quería o creía que necesitaba hacer esas cosas a pesar de que no tenía mucho tiempo libre? ¿Por qué me desvelaba después de una agotadora jornada laboral para armar bolsitas de regalos, diseñar tarjetas con el nombre de cada invitado para asignarles su lugar en la mesa o armar toda clase de decoraciones en lugar de dormir, descansar, atender a mi hija o crear recuerdos familiares, lo cual habría sido mucho más sencillo y habría requerido menos tiempo?

Además de que no se me ocurría hacer fiestas más sencillas ni buscar formas más inmediatas de vincularme con mi familia, no entendía por qué mi esfuerzo no me hacía sentir bien. De hecho, me provocaba todo lo contrario. Quizá me alimentaba un poco el ego recibir cumplidos de los asistentes o me sentía animada al ver a mi esposo sonreír o al recibir un abrazo de mi hija. Sin embargo, no terminaba de reconciliarme a nivel mental con mi insistencia en que la gente creyera que mi capacidad para organizar cumpleaños con temática vaquera no sólo era extraordinaria, sino que no requería el menor esfuerzo de mi parte. Si era algo tan importante para mí, ¿por qué no me enaltecía? ¿Por qué no me hacía sentir bien? ¿Por qué me dejaba agotada, exhausta, vacía?

A media fiesta, mientras los niños corrían por doquier, el tipo alegre que estaba haciendo las hamburguesas en la parrilla hacía chistes, mis familiares y amigos disfrutaban sus bebidas refrescantes bajo el sol que iluminaba nuestro jardín trasero, volteé a ver a cada uno de los asistentes. Miré en todas direcciones con mi mejor sonrisa fingida. A pesar de eso, lo único que sentía era una fatiga abrumadora. En vez de que me alegrara ver que los demás se estuvieran divirtiendo, fingí entusiasmo para enmascarar mis verdaderos sentimientos. Era lo que acostumbraba hacer. Para mí, era de lo más normal: pasar todo el tiempo haciendo cosas sin detenerme un segundo a disfrutar hacerlas.

Seguí así durante varios años. Vivía a las carreras. Por las mañanas me arreglaba deprisa. Corría al trabajo. Apresuraba las juntas. Volvía deprisa a casa para estar con mi hija. Cocinaba a las carreras. Me apuraba para alimentarla, bañarla y leerle antes de dormir. Me urgía que se durmiera para volver a conectarme a internet y seguir trabajando. Al día siguiente, despertaba para repetir el ciclo. Me sentía perdida entre las prisas, las carreras y las urgencias. Vista desde fuera, mi vida parecía perfecta. Era digna de incontables likes. Pero por dentro me sentía perdida… o peor que eso.

Todo culminó cuando mi esposo tuvo que salir diez días de la ciudad. En ese entonces éramos dueños de una tiendita de barrio, ubicada en un bello edificio histórico en la parte antigua de la ciudad, la cual esperábamos que nos convirtiera en microempresarios exitosos. Mi esposo se enorgullecía de ser el dueño de ese pequeño comercio que empleaba a siete personas y era un punto de reunión para mucha gente de la comunidad. Era su adoración, su trabajo, su dominio.

No fue fácil mantener el barco a flote durante esos diez días que estuvo fuera. Yo tenía un demandante trabajo de más de cincuenta horas semanales. La niñera (que era la mujer más divina, amorosa y gentil del planeta) también había planeado sus vacaciones para esas fechas, pues quería ir a visitar a sus hijos. Llevaba más de un año sin tomar vacaciones, así que, cuando surgió lo del viaje de mi esposo, no me atreví a pedirle que cambiara la fecha de su visita. Por si fuera poco, durante la ausencia de mi esposo y de la niñera, mi pequeñita de edad preescolar llevó a casa bichos de los que se contagió en el kínder y se enfermó. ¡Y de qué forma! Estaba tan enfermita que no podía ir a la escuela. Por ende, además de tener que encontrar la forma de ir a la tiendita, asegurarme de que los estantes estuvieran llenos, hacer los depósitos bancarios y asegurarme de que hubiera dinero suficiente en las cajas registradoras, tuve que pedir permiso en el trabajo para quedarme en casa a cuidar a mi pequeña. Mientras ella dormía, yo abría la laptop y trataba de mantenerme al corriente con las exigencias de mi trabajo antes de que despertara y necesitara de nuevo los cuidados de su amorosa madre.

Todo reventó un viernes a media mañana. Mi hija había pasado buena noche y había desayunado más o menos bien. Sus niveles de energía habían mejorado mucho, a diferencia del día anterior, en el que había estado letárgica y pasó la mayor parte del día acostada en mi regazo. ¿En serio habíamos pasado página con su enfermedad? ¿Aguantaríamos juntas el viaje de cuarenta minutos en auto para ir a ver que todo estuviera bien en la tiendita? ¿Regresaríamos a tiempo para su siesta vespertina? Tenía pendiente una videollamada con un cliente, pero podía tomarla en el auto. No me había bañado, pero podía ponerme una gorra, brillo labial y pendientes en forma de aro (para canalizar a mi Jennifer Lopez interior), y verme presentable. Aunque estaba lloviendo, la llovizna no implicaría un peligro. Volteé a ver a mi hija. *¿Lo hacemos?* Ella me sonrió, así que lo tomé como un "sí". A toda prisa, agarré sus juguetes para el auto, guardé unos refrigerios en su lonchera, la senté en la silla para bebés del auto y emprendimos el viaje.

Al principio, el trayecto fue sumamente agradable. Gracias a las lluvias recientes, las colinas que enmarcaban la carretera habían reverdecido. Había vacas pastando, lo que a mi hija siempre le parecía fascinante. Hablamos de sus colores y de lo que creíamos que estarían conversando entre ellas. Y, por supuesto, hicimos nuestra actividad favorita: contar todas las vacas que vimos en el camino. Llegamos a 49 antes de tener que incorporarme a la videollamada que tenía pendiente. En el asiento trasero, mi hija parecía somnolienta (supongo que contar vacas ayudó). Todo se había acomodado a la perfección. Sentí que mis poderes de Supermamá resplandecían en todo su esplendor. *Claro que puedo tomar esta videollamada con mi hija dormitando en el asiento trasero, mientras conduzco bajo la lluvia hacia nuestra tiendita. Supermamá puede con todo.* Me dieron ganas de chocar palmas con alguien, o si hubiera sido un hombre me habría dado golpes en el pecho como un gorila. En vez de eso, sólo sonreí. *Yo puedo con esto. ¿Quién dice que no puedo hacerlo todo? En este momento lo estoy haciendo todo, y me está saliendo bastante bien, para ser sincera. Puedo lidiar con todo. Y sin siquiera despeinarme. ¡Sí! ¡Tengo el control absoluto de la situación!* Pero esa sensación no duró más de cinco minutos.

Mientras el cliente describía el más reciente problema que requería mi atención, mi hijita dijo en voz muy dulce y bajita: "Mami". Me asomé por el retrovisor y escuché el sonido más temido por cualquier madre. Mi hija se vomitó encima y vomitó el asiento trasero por completo. Supermamá se esfumó en ese instante. Me estacioné, terminé la videollamada de forma abrupta y empecé a limpiar el apestoso desastre mientras reconfortaba a mi hija, quien además había empezado a llorar. ¿También Jennifer Lopez tendrá días así de complicados?

No sé cómo sobreviví esos diez días. Terminé exhausta. Casi no dormí (porque en ese entonces mi hija tampoco dormía muy bien). Trabajé en exceso. Me drené por completo. Hasta el último centímetro de mi ser estaba exhausto por todas las responsabilidades que me había echado encima. Sin duda podía sonreír y afirmar que había podido lidiar con todo. Pero en esa ocasión, tener que lidiar con tanto fue tan agotador que no pude soportarlo más.

La cereza del pastel fue recoger a mi esposo en el aeropuerto. Al menos ese día logré bañarme y hasta maquillarme un poco. Fue un alivio tenerlo en casa, pero no necesariamente porque extrañara su compañía (en ese momento de nuestro matrimonio, él se mostraba poco entusiasta, demasiado crítico y poco interesado en la vida que teníamos), sino porque estaba exhausta después de tener que hacer su trabajo, mi trabajo, y además dedicarme a los cuidados de una niña enferma. Me urgía tener otro adulto en casa para que las cosas volvieran a la normalidad, o lo que en ese entonces nos parecía normal.

Me estacioné justo afuera de la puerta de Llegadas, mi marido se subió al auto y gritó "Avanza, avanza, avanza", mientras le daba golpecitos al tablero. No me dio un beso. Ni siquiera me dijo "Hola, mi amor". No me abrazó. Sólo quería que moviera el auto tan rápido como fuera posible para no incomodar a quien estuviera detrás. No sé por qué me sorprendió tanto, si él nunca había sido particularmente amoroso. Nunca había habido mucho amor entre nosotros. Incluso cuando éramos novios, aquello era más una amistad coqueta que amor de verdad. Y en verdad creí que la amistad bastaba para el matrimonio, pero estaba equivocada.

Me le quedé viendo, incrédula. Llevaba diez días fuera. Yo mantuve todo a flote, y ni siquiera podía saludarme bien. En ese momento, lo que a él más le preocupaba era que estuviéramos estorbando a quienes también iban a recoger a sus seres queridos al aeropuerto en lugar de preocuparse por saludar a quien supuestamente era su ser más querido. Me quedé atónita y lo miré durante una aparente eternidad. Él volteó a verme, apuntó hacia el frente y exclamó: "¡Venga, vámonos!". No conversamos mucho en el camino, aunque mi mente no paraba de hablar. *¿Es en serio? ¿En serio pasó esto? ¿Ni siquiera me merezco un abrazo? ¿No merezco siquiera que me des las gracias por haber venido a recogerte? ¡Soy tu esposa, carajo! ¡Valórame! ¡Dime que me amas! ¿En serio esto es lo más que puedes hacer? ¿Decir "vámonos"? ¿Eso es todo? Tratas a los desconocidos mejor que a mí.*

Tal vez estaba cansado por el vuelo. Tal vez yo estaba siendo irracional por creer que me entendería o que estaba consciente de lo difíciles que habían sido los últimos diez días. No sé. Pero lo que sí sabía en ese momento era que algo necesitaba cambiar.

El Universo orquestó esos diez días a la perfección. Necesitaba darle vuelta a la página. Necesitaba presionar Control+Alt+Delete en el programa de mi vida. Necesitaba reiniciarme. Necesitaba tirar las listas de pendientes por la ventana. Necesitaba apuñalarlas y romperlas en pedacitos. Necesitaba quemarlas. Necesitaba dejar de sentir que necesitaba o que era capaz de hacerlo todo. Necesitaba asentir como "Mi bella genio" para darle un vuelco a las cosas y volver a encontrar el camino.

Necesitaba con desesperación dejar de hacer cosas. Ya no más empeñarme en hacer. Ya no más carreras. Ya no más intentos por ser perfecta. Ya no más intentos por llegar al siguiente punto. Ya no más lograr y lograr cosas. Ya no más triunfar, ¡por favor! Ya no podía seguir echándome más y más cosas al hombro. Estaba sobresaturada. Necesitaba un descanso. Me urgía volver a entender cómo ser un ser humano en vez de un *hacer* humano. No estamos en la Tierra para hacer y hacer y hacer. Estamos aquí para ser. Simple y sencillamente. Entendí entonces que era hora de *ser*. Basta de *hacer*. Es momento de invertir en ser.

Mientras conducía hacia la casa, me quedó más que claro que mi vida ya no se parecía en absoluto a algo que hubiera sido real o auténtico para mí. Me había convertido en una impostora. Era alguien que ya no reconocía y que vivía una vida de la que yo ya no quería formar parte.

Necesitaba hacer un cambio.

Hola, colega:

¿Te has sentido así alguna vez? Te echaste demasiadas cosas al hombro. Un detallito por aquí. Algo más grande por acá. Una cosa, y luego otra, y luego otra, y luego otra... Y se fueron acumulando. Llevar a tus peques a la escuela. Ofrecerte a llevar a otros niños también. Incontables fiestas infantiles. Más trabajo. Más fechas de entrega. Más reuniones familiares. Más, más, más. Y todo mientras sientes la presión de cumplir con todo y hacerlo con una gran sonrisa, sin quejarte. A fin de cuentas, ¿no se supone que es lo que deben hacer las supermujeres? Pero luego llega el momento en el que no puedes con más. Te derrumbas. Te das por vencida. Tiras la toalla. Te hartas.

Todos los incidentes y desafíos aparentemente pequeños con los que has tenido que lidiar de pronto se vuelven lo suficientemente significativos como para generar la sensación de que algo necesita cambiar. Podría ser algo físico, como tomar la decisión de decir no a algo o de salirte de una situación difícil. En otras ocasiones, el cambio es más sutil, o al menos así lo fue para mí: fue más bien la aceptación de que, aunque no tienes las respuestas en este preciso instante, necesitas ahondar en ti misma para ver qué hay que cambiar con el objetivo de enmendar el rumbo.

Sin embargo, lo que más me importa que sepas, querida Amiga, es que todo esto está bien. Está bien que te cuestiones lo que pasa en tu vida. Está bien que reevalúes en dónde estás y qué estás haciendo. Está bien si lo que se suponía que te haría feliz y aquello por lo que tanto te has esforzado no te trae alegría alguna. Está bien llorar. Para alcanzar la versión

*más verdadera de ti misma, debes reconocer cómo te sientes
en el fondo de tu ser, de tu esencia, de tu alma.*

Intenta Esto

*Recuerda la última vez que algo en la vida te hizo sentir
agotada o abrumada. ¿Qué detonó esa sensación?
Date unos minutos para cerrar los ojos y volver a
ese lugar. ¿Cómo te sentías? ¿Por qué surgieron
esas emociones? ¿Cómo las superaste? ¿Las superaste
siquiera? Permítete reflexionar sobre lo ocurrido. Mientras lo
estás haciendo, ¿te viene a la mente algo? ¿Ves un patrón que
es necesario romper? ¿Ves una lección que debías aprender en
ese momento? ¿Ves detonantes que puedes hacer un esfuerzo
por prevenir?*

*Creo que, cuando nos sentimos así de exhaustas, así de
cansadas o así de abrumadas, el Universo está intentando
llamar nuestra atención. El Universo actúa de formas
peculiares para lograrlo. A veces hace cosas grandes. A veces,
pequeñas. Basta con que te sientes a observarlas.*

*Con amor,
Yo*

CAPÍTULO 2

Hola, Universo:

Sabías lo que iba a pasar, ¿verdad? Sabías que me afectaría muchísimo. Sabías que me afectaría tanto que le daría vueltas en la cabeza y no lograría siquiera llegar a la cama para dejar el día atrás. En vez de eso, estoy sentada dentro del armario y usando la linterna del celular para escribirte. Él está en el quinto sueño; llegó del aeropuerto, comió algo y prácticamente se desmayó. Supongo que estaba demasiado cansado después del vuelo tan largo. ¿Será que no debería enojarme tanto por lo que pasó hoy? Sin embargo, siento que fuiste tú quien orquestó a la perfección la retahíla de circunstancias que, aunque a nivel superficial parecen intrascendentes, en realidad son sumamente importantes para mí. ¿Por qué?

No dejo de racionalizarlo. Intento encontrarle sentido. Intento explicármelo. Pero esta vez, a diferencia de las ocasiones anteriores, no puedo. Mi esposo nunca ha sido muy expresivo ni acostumbra halagarme. Siempre fue así, desde que éramos novios y lo ha seguido siendo en los siete años que llevamos casados. Entonces, ¿por qué espero que ahora sí sea comunicativo y cariñoso? Como muchas otras mujeres en el mundo, nunca perdí la esperanza de que las cosas podrían mejorar, que él podría cambiar y amarme más, que nuestra relación me resultaría más satisfactoria. Pero hoy, en el aeropuerto, esa esperanza de que las cosas mejoraran se hizo pedazos. Ahora estoy sentada en un rincón del armario, en mi vieja pijama de ama de casa (la cual debí tirar a la basura hace siglos, pero es muy cómoda, así que la sigo usando), con mi diario en la mano, el celular y una taza de chocolate caliente mientras lloro como una nena, y mi hija y mi esposo duermen.

Al dar un paso atrás y analizarlo (porque he de confesar que es lo único que hace mi cabeza... en turbo), quizá no sea tan grave. Tal vez él ni se imagine lo difíciles que han sido los últimos diez días. Casi no hablamos mientras no estuvo. Tal vez yo quería que se diera cuenta de algo que en realidad no era tan obvio.

Pero, de nueva cuenta, esto no tiene nada que ver con él. Tiene todo que ver conmigo, ¿cierto? Lo que ocurrió en el auto cuando salimos del aeropuerto fue una señal de tu parte, ¿verdad? Fue tu forma de enviarme una señal. Quiero que sepas que lo escuché con claridad, Universo. Sé que antes me hiciste guiños y me diste empujoncitos. Pero no te preocupes, Universo: esta vez entendí el mensaje y estoy empeñada en cambiar. Por favor, dame la fortaleza para encontrar la forma de hacerlo.

Es más, encontrémosla juntos.

Con amor,
Yo

Estamparte contra un muro. Quebrarte. Caer en una espiral descendiente. Irte a la mierda. Tener una crisis nerviosa. Colapsar. Deschavetarte. Es el momento en el que ya no eres capaz de seguir funcionando como lo hacías. La vida te resulta tan abrumadora que una reacción aparentemente incontrolable burbujea en lo más profundo de tu ser. Te desquitas. Te enfureces. Lloras. Sientes un dolor profundo. Parece ser muy diferente a tu comportamiento habitual y, como ocurre con tantísimas cosas en esta sociedad, si es algo distinto, entonces debe ser malo, erróneo, innecesario.

En lugar de concebir esa explosión incontrolable o las emociones a flor de piel como algo negativo, prefiero verlas como el acto de conciencia por antonomasia. Las crisis conllevan una pausa, un reinicio, un reequilibrio. En vez de experimentar un momento de llanto en el sofá con un bote de helado al más puro estilo Bridget Jones o de empezar a destruir la decoración de la sala (sea la tuya o la de tu interés romántico) como Scarlett O'Hara en *Lo que el viento se llevó* (todo lo cual puede brindarte una gran satisfacción momentánea), ¿por qué no podemos concebir como un triunfo que nos estrellemos contra un muro? Es el regalo de la presencia. Es un ejemplo claro de estar por completo en el presente y con plena conciencia de la intensidad de las emociones que estamos experimentando. Es una vivencia bella y a veces dolorosa que nos hace darnos cuenta de que estamos operando de una forma que ya no nos parece adecuada.

El episodio en el auto, cuando recogí a mi esposo en el aeropuerto, no duró más de 60 segundos. Lo experimenté en cámara lenta, no tanto como una participante sino como una espectadora que miraba desde arriba. Fue como una experiencia extracorpórea en la que me salía de mi propio cuerpo y la veía como una perfectísima escena de película hollywoodense que te transmite las intensas emociones de la actriz tal y como las está sintiendo su personaje. En ese instante, tuve conciencia plena. Sentía que el corazón se me estrujaba y hundía. Sentía el ardor de las lágrimas antes de asomarse por mis ojos. Sentía que la garganta no lograba controlar que mi voz no fuera una explosión de furia. Sentía que el rostro se esforzaba por fingir una sonrisa. Sentía una decepción profunda en las entrañas. Experimenté la derrota a nivel físico, de una forma cruda, auténtica y dolorosa. Fue algo tan profundo que cambió todo.

Era la llamada de advertencia que necesitaba. Fue mi momento canónico. Fue el preludio a un reinicio y reequilibrio absoluto. No obstante, con la vida y las responsabilidades que tenía (para con mi familia, mi empleo y los traslados escolares compartidos), no podía simplemente huir. ¡Diablos! No podía siquiera tomarme un fin de semana libre para llorar en el sofá. No podía hacer una maleta y salir corriendo a casa de mi mamá. ¡No podía pasar de hacerlo todo a no hacer nada para descifrar lo que estaba ocurriendo! ¡Simplemente no podía! Lo único que me quedaba era sentarme en mi armario, llorar y hacer lo que mejor sabía hacer: un plan. Decidí entonces programar el colapso.

Digamos que básicamente era la única forma en que mi cerebro tipo A podía permitirse el reinicio que tanta falta me hacía. Ahí, en el piso del armario, en medio de la oscuridad, rodeada de mis bolsos, prendas y zapatos, busqué el iPhone entre lágrimas, abrí el calendario y revisé las fechas. Decidí entonces que junio sería el mejor momento para el colapso. Sin embargo, el problema era que apenas estábamos en enero y debía sobrevivir cinco meses de mi vida antes de permitirme colapsar.

No tenía los privilegios de Elizabeth Gilbert en *Comer, beber y amar*. No podía salir de mi mundo con la esperanza de encontrarme a mí misma. No podía dejar mi trabajo, a mi hija ni mis responsabilidades. Lo único que me quedaba era encontrar un espacio en los confines de mi vida para colapsar, para dedicar tiempo del día a encontrarme, para dedicar tiempo a reunir el valor de hacer lo que fuera necesario para tomar el camino correcto que me llevara a ser la versión más auténtica. Una versión que no se traicionara a sí misma permaneciendo en un matrimonio sin amor. Una versión que no se empequeñeciera para que mi marido se sintiera más grande. La versión que alguna vez fui, pero que por algún motivo olvidé o dejé atrás. Era hora de volver a encontrarme. Y, si acaso era necesario programar que eso ocurriera cinco meses después, así sería.

El simple hecho de saber que llegaría el momento de hacer una pausa, reflexionar sobre mi vida y reequilibrarla me resultaba liberador. Era algo a lo cual aspirar, y llegaría el momento en el que las cosas cambiarían. Eso me permitió sentir cierta paz mientras seguía operando en el mundo de interminables *haceres*. Seguí trabajando al máximo. No dejé de esforzarme. Me la pasé haciendo las enemil cosas que debía hacer a diario. Sin embargo, poco a poco fui dejando fuera de la lista de pendientes algunas de ellas. Empecé a aceptar menos responsabilidades. Rechacé algunas invitaciones a reuniones sociales. Dejé de organizar fiestas y cenas para mi familia y mis amistades. Acepté menos clientes. Dejé de publicar cosas en Facebook. Ya no me importaba la imagen que tuvieran otros sobre mi vida. Intenté encontrar pequeños recovecos en la cotidianidad que favorecieran ese reinicio, a pesar de no tener la menor idea de cómo conjugarlo todo. Y, si el día me resultaba abrumador, me hacía el favor de recordarme que el colapso anunciado estaba en puerta, y eso bastaba para liberar un poco de estrés.

Para que el colapso pendiente fuera tolerable para quienes me rodeaban y no activara las alarmas de mis familiares y amistades y les hiciera pensar que algo no andaba bien, empecé a contarles a las personas más cercanas que, después de cinco años de trabajo, mi compañía ofrecía un sabático de cuatro semanas (lo cual no era cierto, como no lo es en la mayoría de las empresas). A la gente del trabajo le dije que pediría cuatro semanas de licencia para festejar mi cumpleaños 40; es decir, una semana por década. Eso me daba un aire de empoderamiento y determinación. Claro que nadie sabía que ese "sabático" no era más que la fachada para reiniciar mi vida de forma total y absoluta.

Puesto que soy muy buena para la planeación, esbocé a detalle cómo sería ese periodo lejos de mi vida cotidiana normal. Aunque habría sido lindo escaparme a un lugar paradisíaco, tener una hija pequeña en casa hacía que esa versión del autodescubrimiento pareciera imposible (y tampoco me parecía tan interesante, para ser sincera, pues ya había viajado bastante a lo largo de la vida). No era necesario viajar a un destino elegante y lejano. Quería replantearme la vida mientras la vivía, así que planeé una especie de vacación en casa con ocasionales salidas de fin de semana en fechas en las que mi esposo podría cuidar a nuestra hija por sí solo.

El proceso de planear y anticipar el colapso dio lugar a diminutos cambios y ajustes que sentaron las bases para el comienzo de algo extraordinario.

Hola, colega:

Si eres como yo, seguramente en muchos momentos de la vida has querido llorar hasta el cansancio, aventar cosas, devorar un bote entero de helado. Quizá incluso tengas ganas de hacerlo en este preciso instante. Quiero que sepas que está bien. No tiene nada de malo. Te doy permiso de comer lo que sea, de aventar lo que sea y de experimentar cualquier emoción que surja en el camino.

Una vez que termines de comer, de llorar, de lanzar cosas y de sentir la intensidad de tus emociones, quiero que experimentes otra cosa. Quiero que hagas una pausa. Inhala profundo. Quiero que estés completamente presente en ese momento que parece ser terrible, caótico e insoportable.

El Universo no te puso enfrente esta colección de emociones intensas para hacerte caer en un agujero oscuro, sino para enaltecerte. No estás cayendo en una espiral descendiente hacia algo malo, oscuro, profundo y terrible. Cuando pasamos por un colapso, se nos pide enaltezcamos, que elevemos, que oigamos y experimentemos lo que el Universo intenta decirnos. El Universo tuvo que sacudirnos, hacernos rabiar, entristecernos y asustarnos para llamar nuestra atención. Y, una vez que ponemos atención, podemos escucharlo y hacerle preguntas. ¿Qué se espera que aprenda de esto?

La forma en que elijas contestar esa pregunta depende de ti. En mi caso, implicó apartar varias semanas para reflexionar. Sin embargo, estoy consciente de que eso no está al alcance de cualquiera. Aun así, pregúntate si hay formas de frenar un poco y entrar en sintonía contigo mismo para entender por qué surgieron esas emociones. ¿Es posible encontrar recovecos en tu vida donde que te permitan recibir nuevos puntos de vista y nuevas energía. ¿Puedes encontrar formas de separarte de todos los haceres para intentar ser con un poco más de frecuencia?

Si eres una persona cínica, quizá te preguntes algo como "¿Para qué? ¿Qué caso tiene? Nada va a cambiar de cualquier modo". Si, en cambio, en este momento tu postura es más abierta y receptiva, quizá pienses: "¡Sí! ¡Hagámoslo ya!". Sin importar en qué parte del espectro estés, quiero que te sintonices con cómo te sentirás una vez que te brindes el espacio para simplemente ser.

¿Alguna vez has jugado al juego de las preguntas en una despedida de soltera? Se trata de hacerle a la novia preguntas sobre su prometido. Si contesta bien, las amigas le aplauden. Si se equivoca, tiene que meterse un trozo de goma de mascar a la boca. Conforme más se equivoca, más se llena la boca de goma de mascar hasta que ya no puede más y tiene que escupirla toda. ¿Qué pasa cuando la escupe? Se siente aliviada y puede volver a respirar.

Eso es lo que quiero que te ocurra, que experimentes esa liberación, que lo que estás sintiendo en este instante (ya sea que estés abrumado, asfixiada, a punto de ahogarte) se disipe.

Con amor,
Yo

CAPÍTULO 3

Hola, Universo:

Los cambios empezaron tan pronto miré el calendario y decidí que junio sería el mes adecuado. Faltaban cinco meses exactos para mi colapso programado, pero sabías que, para permitirme salir adelante, los cambios tendrían que empezar a gestarse desde ese instante, sin importar qué tan pequeños fueran. Sabías que al fin tenía la apertura y estaba lista para recibir los ínfimos mensajes de tu parte que poco a poco se irían abriendo camino por las grietas de mi fachada rígida, impasible e imparable.

Los cambios se están presentando de las formas más peculiares. En la vida cotidiana me vas dejando mensajitos. Supongo que lo hacías antes, pero no tenía la paciencia de ver lo que tenía enfrente. Conforme he bajado el ritmo y he dejado de agregar porquerías a mi lista de pendientes, puedo estar más presente en el día a día, lo cual me permite ver cosas que antes no percibía siquiera. Sé que lo que ahora veo son mensajes tuyos. Literalmente están por doquier.

No puedo creer que no me diera cuenta de lo mucho que intentabas decirme. No tengo idea de qué hacer con estos mensajes ni lo que significan. Sin embargo, por el momento sé que, cuando vea algo o experimente algo que me resuene, será porque viene de ti. Eres tú quien está llamando mi atención. Eres quien me hace alzar la mirada y observar.

Y no sabes cuánto te lo agradezco.

Con amor,
Yo

Cuando reservas unas vacaciones tropicales, desde el instante en el que apartas los boletos de avión empiezas a visualizarte en aquella playa, tomando el sol, con tu bebida refrescante favorita en la mano (en un vaso que, de preferencia, esté adornado con una sombrillita de papel). Sueñas con nueces de macadamia cubiertas de chocolate, sientes la arena entre los dedos de los pies y te ves disfrutando la brisa bajo el cobijo de tu sombrilla favorita. Entras en modalidad "playera" aunque falten semanas o hasta meses para ese viaje.

Lo mismo ocurre con los cambios que intentamos hacer en nuestra vida. El compromiso detona el proceso de permitir que los cambios más diminutos se vayan filtrando hacia lo más profundo de nuestro ser. Habrá algunos momentos pesados. Tendrás que esforzarte. Tendrás que empeñarte. Sin embargo, el proceso de plantear una intención y poner la maquinaria en marcha abre diminutas grietas en tu interior que permiten que la transformación se abra camino y vaya creciendo.

A pesar de que faltaba tiempo para hacerlo, el simple hecho de saber que necesitaba ese colapso, que necesitaba planear un enorme reinicio de vida y que me estaba dando tiempo para llevarlo a cabo empezó a generarme cierta calma. El simple hecho de saber que mi colapso anunciado se avecinaba era un gran alivio. Despertaba a diario frente a la posibilidad de que, en efecto, mi vida podía ser distinta, lo cual generaba oleadas de tranquilidad que nunca antes había experimentado.

Volví a tener poder sobre mi vida. Volví a tener el control. Me sentía victoriosa. El Dalai Lama, Oprah, Deepak Chopra y cualquier otro gurú espiritual, desde San Francisco a Bután, me mirarían con suspicacia si me escucharan decir esas palabras. Una parte de mí sabía que debía renunciar al control y cambiar la forma en que experimentaba la vida, pero no podía renunciar por completo a la planeación. Necesitaba asentarme en el nuevo hogar de mi ser, pero tenía que hacerlo de una forma que me resultara comprensible. Si quería mantener el control y no terminar llorando en el armario todas las noches por lo terrible que era mi vida mientras esperaba a que el colapso comenzara, necesitaba tener cierto poder sobre mi situación. No pasaría de ser una empoderadísima e hiperorganizada supermamá y profesionista aficionada al Pinterest a ser una yogui con las piernas cruzadas que recita mantras sin un plan de por medio. ¡Necesitaba un plan!

El plan era simplemente estar consciente de que la vida no tenía que avanzar al ritmo frenético al que estaba acostumbrada y que, sobre todo, sentía que debía seguir. El paso uno consistía en soltar. Mi vida no tenía que estar sobresaturada de actividades para demostrarle al mundo lo productiva o importante que era. En vez de eso, podía reconstruir de forma consciente mi vida de tal forma que poco a poco aceptara menos responsabilidades, hiciera menos cosas, agendara menos pendientes y a raíz de eso me diera cuenta de mi gran riqueza. En pocas palabras, empecé aprendiendo a decir que "no".

El lugar más fácil para empezar eran las cenas que organizaban las amistades de mi esposo. Asistir a ellas implicaba involucrarme en una serie de actividades en las que no quería participar, como hacer que mi hija se desvelara, conversar de trivialidades con gente con la que no tenía nada en común y dedicar tiempo arreglándome, a sabiendas de que habría gente que aun así me juzgaría por mi apariencia. Y todo lo hacía para que mi esposo pudiera beber, reír y ser el alma de la fiesta. Cuando alguien de sus amigos organizó una fiesta, en vez de sentirme obligada a asistir, le sugerí que fuera solo para que se la pasara bien mientras mi hija y yo disfrutábamos nuestra propia velada. En consecuencia, él salió y se divirtió. Nosotras nos fuimos a dormir a tiempo y disfrutamos el tiempo de tranquilidad en casa. Yo sentí que ambos habíamos salido ganando. Él, en cambio, lo vio de forma distinta.

Poco a poco (a paso tortuga), estas acciones dieron lugar a algo mágico. Empecé a tener más tiempo, más segundos, minutos y finalmente horas en las que podía simplemente estar presente en mi propia vida y observar lo que ocurría a mi alrededor. Podía hacer algo tan sencillo como observar las ocurrencias ordinarias de la vida diaria que en otros tiempos había pasado por alto y ni siquiera reconocía porque estaba demasiado ocupada haciendo cosas.

Este plan relativamente simple (o sea, decir que no y poner más atención) me hizo sentir victoriosa. Cuando descubrí que tenía unos cuantos segundos extra a solas, dejé de temer a lo que podría descubrir si me quedaba a solas con mis pensamientos y empecé a disfrutar esos ratitos de soledad. Una parte de mí que trascendía la lógica tomó las riendas… y aquella victoria mental fue extraordinaria. En los meses previos a mi sabático, al hacer cambiecillos por aquí y por allá, me demostré que podía ejercer poder sobre esa mente. Tenía poder sobre mis tiempos. Tenía el poder de decir que no. Podía aceptar menos responsabilidades. Podía volver a respirar. Con cada bocanada de aire, podía cambiar mi vida al crear un espacio en mi interior, aunque fuera diminuto, para que los cambios se arraigaran.

Y los cambios surgieron al instante. Eran diminutos, sutiles, fortuitos y, en general, divinos. Empecé a referirme a ellos como "chispazos del alma"; es decir, son las señalizaciones al parecer aleatorias que aparecen en la vida cotidiana y que nos obligan a abrir los ojos. Son los diminutos indicios que surgen y nos obligan a hacer una pausa. Es el chispazo que nos hace detenernos de golpe. El chispazo que se siente como (y en realidad es) una señal del Universo que nos brinda una perspectiva más amplia sobre aquellos aspectos de la vida que no paramos de rumiar. No son aleatorias. No son coincidencias. Son una forma bastante literal en la que la Divinidad enciende una llama, un chispazo que nos permite echar un vistazo, detenernos, dedicar un momento a reflexionar sobre cómo transitamos por el mundo. El chispazo del alma puede ser la confirmación de que debemos seguir por el mismo camino o una pista de que debemos ir en la dirección de lo que soñamos o algo intermedio. A veces son tan sutiles como el canto de un pajarito que atrae tu atención de una forma distinta o algo tan obvio como que te acepten en tu primera opción de posgrado. Los chispazos del alma se van volviendo cada vez más evidentes cuando frenas lo suficiente como para observar las señalizaciones que nos rodean.

Puesto que mi plan requería decir "no", hacer menos y observar más, literalmente empecé a ver chispazo del alma en todas partes. Con tan sólo estar un poco menos ocupada, menos atareada, menos saturada de pendientes, podía ver cosas en la vida cotidiana que nunca antes había percibido. Mientras caminaba por las atestadas calles de San Francisco, el pétalo de una flor caía a mis pies. Mientras conducía por las mismas calles que recorría a diario (a veces incluso más de una vez al día), percibía una señalización a un costado del camino o la silueta de un árbol que nunca había visto. Si me tocaba transportarme en los trenes abarrotados, una mirada o el olor a colonia de alguien me tomaba por sorpresa. En vez de estar demasiado ocupada como para percibir esos momentos, literalmente me quedaba boquiabierta por su belleza y portento. Por la ligereza con la que el pétalo bailaba por los aires antes de caer a mis pies. Por lo milagroso que era ver en las calles que recorría a diario una señalización que contenía una palabra que me resonaba profundamente. Por el escalofrío que me producía la mirada intensa de un perfecto desconocido. Esos momentos parecían corresponderse de forma natural con la preocupación, el temor o la contemplación del momento. Para mí, cada uno de ellos era un chispazo del alma. Aunque a veces el mensaje era contundente, en otras ocasiones no lograba descifrarlo con claridad. Aun así, me percataba de lo que parecía ser un mensaje, lo archivaba y dejaba de preocuparme por analizarlo en ese instante. Tarde o temprano, su significado saldría a la luz.

Hola, colega:

¿Alguna vez te ha pasado que dices que quieres hacer un cambio y de pronto las cosas empiezan a alinearse para que ese cambio se materialice? Por ejemplo, decides que quieres mejorar tu salud y que quieres comer mejor, ejercitarte más y adoptar un estilo de vida más saludable. Luego, te comprometes a implementar cambios que lo favorezcan. Al día siguiente, una amiga te envía un mensaje diciendo que puede conseguirte un descuento en su gimnasio, a pesar de que nunca le mencionaste que tenías la intención de inscribirte a un gimnasio. Sin embargo, ahora ya tienes un descuento en tu membresía y una amiga con la cual ir. Una vez ahí, empiezas a conversar con alguien que tiene un blog sobre nutrición. Su conversación te intriga, así que decides seguir su blog y consultar las recetas que publica. Poco después, empiezas a preparar comidas saludables para tu familia. Te sientes y te ves mejor que antes.

Este mismo concepto es aplicable a todos los aspectos de la vida. Pregúntate lo siguiente: si pudieras cambiar cualquier aspecto de tu vida en este instante, ¿cuál sería? Antes de contestar, quiero que entres en profunda sintonía contigo.

Intenta Esto

Una forma de hacerlo es crear un oasis, un lugar mágico y sagrado en el que puedas retirarte y buscar conexión. Para ello, encuentra un espacio en casa o en el jardín. Puede ser un armario, tu baño o, con algo de suerte, una habitación vacía o un rincón del garaje. Transforma este oasis de tal forma que sea tuyo y de nadie más. Aprópiatelo. Puede haber velas e iluminación tenue, puedes acostarte o sentarte, puedes tener una cobija o un peluche. O puede ser algo tan sencillo como un espacio con un tapetito y un cojín. También es buena idea llevar a tu oasis un diario y un bolígrafo para escribir las cosas que se te ocurran. Se trata simplemente de crear un espacio al que puedas retirarte y en el que genuinamente puedas escucharte.

Una vez acomodada en tu oasis, quiero que entres en sintonía con tu interior. Cierra los ojos y respira profundo unas cuantas veces para calmar tu respiración. Cuando te hayas acomodado en aquel espacio apacible, pregúntate qué aspectos de tu vida requieren cambios. Recibe lo que sea que surja. No lo analices ni lo juzgues. Sólo escribe las primeras cosas que surjan cuando piensas en qué cambios debes hacer para que las cosas mejoren. Puede ser mejorar tu condición física. Puede ser poner más límites en tus relaciones personales. Puede ser pasar más tiempo con tus hijos. Dedícales tiempo a las respuestas que vayan brotando y permite que la conciencia de ellas te inunde. Al emerger de esta revelación, agradécete la introspección. Quizá en ese momento no sepas qué hacer con lo que surgió, pero date las gracias por dedicar esos momentos a escuchar a tu yo más interno.

Cuando genuinamente escuchamos y ponemos atención a qué necesitamos para transformar nuestra vida y comenzamos a creer que esos cambios son, en efecto, lo que deseamos, la vida comienza a acomodarse como por arte de magia para favorecer nuestros deseos. Basta con enunciar el deseo, la intención, la esperanza, y eso permitirá que la magia ocurra. A veces ocurre de forma inmediata; otras veces, es un poco más gradual. Los cambios pueden ser sutiles o sustanciales. Pero, sin importar como sean, la vida tiene una forma muy peculiar de presentarse para recibirnos y apoyarnos. Y debemos permitírselo.

Con amor,

Yo

CAPÍTULO 4

Hola, Universo:

La forma en que empezaste a mostrarme personas y lugares que me permitieron vislumbrar cuán transformador será mi colapso programado es increíble, por decir lo menos. Sabías que necesitaría esas gotitas en los meses previos a junio para estar abierta y receptiva a todo lo que ese colapso traería consigo.

Por ejemplo, descubrir que mi instructora de yoga favorita, con quien había perdido contacto hacía una década cuando me mudé, dirigiría un retiro de yoga silencioso de cuatro días, y las fechas coincidían a la perfección con mi colapso. O la extraordinaria y gentilísima mujer que apareció de la nada, proveniente del diminuto estudio en su garaje, para pintar conmigo casi a diario durante mi periodo de receso. Como recibir la invitación a la gigantesca boda de uno de mis familiares que tendría lugar a finales de mi sabático. Todas esas semillas que empezaron a caer del cielo fueron como pequeños regalitos para mí.

Hicieron que empezara a emocionarme por la llegada de mi colapso. Cuando la idea del colapso surgió, no me imaginé que me sentiría así, pero lo agradezco muchísimo.

Ah, por cierto, muchísimas gracias por saber que necesitaría disfrazar mi colapso anunciado como si fuera un sabático.

¡Qué gran idea! Una vez que lo hice, pude hablar abiertamente con mis familiares y amistades sobre mis planes. No se imaginaban que el ímpetu para planear ese mes sabático supuestamente increíble había surgido de una crisis que tuve en el piso del armario, en donde me di cuenta de que necesitaba tiempo para enmendar el camino de mi vida aparentemente perfecta que en realidad distaba mucho de serlo. Pero a la larga lo descubrirían, al igual que yo.

Con amor,
Yo

En los meses previos a mi colapso, empezaron a maravillarme las formas casi insignificantes, pero no por ello menos mágicas, en las que el espacio empezó a filtrarse en mi vida y a revelarme poco a poco, de formas muy sutiles, que la vida podía ser distinta. También hubo fuertes pedradas, encarnadas por gente que de pronto apareció. Por medio de diversas circunstancias fortuitas, psíquicos, astrólogos, médiums, místicos, sanadores de chacras, un pastor, su esposa y nuevas amistades empezaron a entrar de forma aleatoria, inesperada y fascinante a mi mundo. Yo no busqué ese reparto de personajes. Sin embargo, en vez de descartarlos de inmediato por considerar que eran meramente intrigantes o una simple forma de entretenimiento, surgió en mí un novedoso sentido de la curiosidad y la exploración que me permitió contemplar sin juicios lo que aportaban a mi vida.

Anteriormente había consultado psíquicos, pero solía hacerlo en parte por aburrimiento y en parte por cierta intriga mezclada con un toque de no tengo nada que perder. Definitivamente no lo hacía porque tuviera la firme creencia de que podrían adivinar mi futuro con absoluta precisión, pues mi lógica jamás me habría permitido creerlo. Sólo lo hacía por curiosidad, por una ligera fascinación cargada de un fuerte escepticismo.

Cuando era niña, mi familia y yo viajamos a India varias veces. En cada una de esas visitas, le insistía a mi tía que me llevara con el astrólogo del barrio, y ella accedía sin demora. La casa del astrólogo estaba a unos cinco minutos a pie. En India, ir al astrólogo del barrio es como ir al 7-Eleven de la esquina. Mientras esperábamos que llegara, nos sentábamos en el piso. Su oficina era un cuartito con libreros de piso a techo de los que se desbordaban libros de astrología a punto de deshojarse, además de que tenía cuadros de deidades en las paredes y despedía un fuerte aroma a incienso. Mi tía le daba al astrólogo mi fecha, hora y lugar de nacimiento. A continuación, el astrólogo seleccionaba con detenimiento un libro y empezaba a pasar las páginas hasta llegar a la que contenía mi futuro. Yo me acercaba para escucharlo mejor. Él hablaba rápido y con un dialecto indio que me dificultaba entenderlo bien. Hablaba sobre cómo un planeta era más prominente que otro en mi carta astral. Y luego se aventaba una veloz retahíla sobre el impacto de las posiciones de esos planetas en mi futuro, en particular en lo relativo al matrimonio, mi carrera y mi familia.

Mi tía escuchaba con atención y le lanzaba ocasionales preguntas específicas sobre el momento exacto en el que conocería a mi futuro esposo y si ese hombre sería bueno para mí. El astrólogo contestaba muy confiado en sus predicciones basadas en las estrellas, e incluso ofrecía recetas para mejorar mi destino: donar cobijas negras a un orfanato o alimentar peces de ornato en un estanque (no es broma). Otro de los famosos remedios consistía en ir al parque con un espejito, abrazar un árbol y verme hacerlo mientras lanzaba arroz por encima del hombro. Los detalles siempre eran complejos, de modo que nunca estaba del todo segura de estar haciendo las cosas bien. Una vez que mi tía quedaba satisfecha con las respuestas y los remedios sugeridos para que mi futuro esposo llegara cuanto antes y que fuera más alto y más guapo de lo previsto (otra vez, no es broma), le pagábamos al astrólogo y volvíamos a casa.

Algunas cosas me resonaban. Otras me parecían improbables. A pesar de ser una experiencia fascinante, para mí era meramente una forma de entretenerme. No era algo que me tomara en serio ni que fuera a influir en el rumbo que tomaría mi vida. Para mí, el eje era la lógica. Los astrólogos, lectores de palmas y demás no lo cambiarían, por tentador que fuera. Mientras mi tía y yo nos alejábamos de la diminuta residencia del astrólogo, desmenuzábamos sus palabras y reíamos y extrapolábamos más significados de sus palabras de lo que quizá él habría querido. Y mi tía siempre terminaba nuestras aventuras astrológicas con la misma frase: "En India tenemos astrólogos, mientras que ustedes en Estados Unidos tienen terapeutas. Es lo que la gente necesita para ayudarse a sentirse mejor".

No obstante, en el periodo previo al colapso, algo cambió. En vez de ser una distracción temporal, estas interacciones empezaron a parecer más profundas. Siempre había algo en las conversaciones que me resonaba más allá de lo lógico. Me quedaba con la sensación muy particular de que sus palabras entrañaban más que pensamientos fugaces. Debía prestarles atención. A diferencia de incursiones previas, no podía desestimar de inmediato a esas personas ni lo que me decían. No podía regresar de golpe a mi yo hiperlógico minutos después de terminar la conversación con ellas. Algo persistía en el ambiente y se me grababa. Empecé a reconocer que no era que me estuvieran dando una receta mágica para transformar mi vida, sino que me daban pequeñas pistas de cuál era el camino correcto, lo que me abriría puerta tras puerta hasta que yo tuviera las herramientas necesarias para abrirlas por mí misma. En vez de ser una pluma a la deriva o la necesidad de detenerme de golpe para acariciar a un cachorro, eran chispazos del alma encarnados en personas que me lanzaban pedradas del tamaño de peñascos.

Un ejemplo de ello es Diane, una psíquica con doctorado y un marcado acento sureño que terminaba cada oración diciendo "a eso me refiero". Era dispersa y desorganizada, pero sentí que le habló directamente a mi espíritu, y sus introspecciones eran fascinantes. Por lo regular no toleraba rodearme de personas que estuvieran en el otro opuesto del espectro, pero con ella nada de eso importaba. Cuando hablaba, mi alma se conmocionaba. Veía partes de mí misma que yo no veía o no estaba dispuesta a reconocer. Veía por debajo de la armadura y, en cuestión de segundos, ponía el reflector con absoluta precisión en los desafíos de mi vida. Conocía detalles y circunstancias que eran muy privados y que no le había compartido a nadie, y sabía que yo necesitaba hacer cambios sustanciales para llegar a donde estaba destinada a ir.

En el transcurso de los siguientes meses, conversamos varias veces, y en cada una de esas ocasiones agregó otras piedritas que encajaban a la perfección en mi caja de resonancia. Quería creerle hasta la última palabra, pero mi parte lógica se erizaba y me hacía cuestionar mis interacciones con ella y la razón por la cual seguía hablándole. Sin embargo, cuando sentí que perdí el rumbo y sucumbí a la desesperación, no pude evitar preguntarme si acaso Diane no tendría la razón. ¿Sería posible que mi vida cambiara de formas tan dramáticas como había predicho?

Durante una de nuestras conversaciones, le conté que no alcanzaba a vislumbrar el camino que me llevaría de mi vida actual a la que ella predecía. Y entonces Diane contestó algo que puso en jaque mi razonamiento y que reverberó en las profundidades de mi espiritualidad incipiente. Me dijo: "Corazón, no importa que no lo veas. El Universo está empujando este pedregón hacia lo alto de la colina para que caiga del otro lado, y no hay nada que puedas hacer al respecto". Como de costumbre, Diane tenía razón.

Lo más intrigante era que esos personajes estuvieran apareciendo en mi vida de manera fortuita. La señora encantadora y carismática que me depilaba las cejas mencionó de forma casual un servicio de plegarias no sectarias que su esposo y ella dirigían los viernes por las noches. A pesar de que llevaba cinco años yendo a depilarme las cejas con ella, jamás había mencionado que su esposo era pastor y que tenían una iglesia, ni mucho menos me había invitado. Sin embargo, ese día, mientras les daba forma a mis cejas, me contó que los servicios eran un lugar en donde amigos, familias y miembros de la iglesia se reunían para relajarse después de la semana, compartir sus historias de gratitud o inquietud, realizar plegarias no sectarias, llevar comida para compartir con los demás y cantar en el karaoke. Yo no entendía qué tenía que ver el karaoke con todo eso, pero me resultó tan intrigante que decidí echarle un vistazo. Le pedí a una amiga que me acompañara, sin saber que esa primera visita sería el comienzo de una relación larga y maravillosa entre el pastor, su esposa y yo.

Era un lugar acogedor, a pesar de estar un poco descuidado y pasado de moda. La pintura de las paredes se estaba descarapelando; la calefacción nunca funcionaba bien, sin importar cuántas veces hubiera ido el técnico a revisar el termostato; y la alfombra verde descolorida debía haberse jubilado hacía rato, pero nada de eso importaba cuando te acomodabas dentro. Era un lugar mágico. Por lo regular había entre diez y quince personas que se sentaban en círculo en el salón de usos múltiples de la iglesia. El pastor nos daba la bienvenida a cada uno cuando llegábamos. Era un hombre jovial y dulce de cincuenta y pocos años, ojos brillantes y sonrisa cálida. Esa sencilla bienvenida me hizo sentir parte de todo eso. Su esposa me recibió con la misma sonrisa y el mismo abrazo caluroso con el que me recibía cada vez que llegaba a su salón de belleza. Siempre me hacía sentir como si fuéramos las mejores amigas del mundo. "Hola, Deepika querida", me decía con dulzura mientras en sus ojos había un brillo de asombro y amor. "Te hice un chai delicioso para esta noche. Ven a que te sirva una taza". El té era apenas sólo una de las cosas que destacaban. El aroma a jengibre, cardamomo y canela de su chai especial hacía muy feliz a mi nariz.

El pastor comenzaba cada sesión invitando a los asistentes a dejar atrás la semana, a desprenderse de lo malo y a agradecer lo bueno. Le pedía a cada uno que compartiera algo con el grupo, y, uno por uno, lo hacíamos. Un pesar. Un conflicto laboral. Un sencillo momento de alegría con un niño. El pastor solía ofrecer su propia reflexión sobre la semana y sobre cómo se vinculaba con la divinidad. Al final, rezábamos. No hacíamos referencias a dioses o sistemas de creencias específicos. Sólo rezábamos. Rezábamos por nosotros mismos, por los demás y por el mundo que nos rodeaba. Ahí fue donde por primera vez aprendí que la meditación y las plegarias se entretejen de forma muy hermosa y fluida.

Cada semana, el servicio era diferente. La iglesia era un lugar donde nos reuníamos para enunciar nuevas intenciones y para expresar nuestra gratitud, nuestra inmensa gratitud por todo lo que la vida les había dado a los asistentes. También era un espacio para compartir el dolor, la desolación y la aflicción. Era un lugar para oír las historias de otros sobre cómo el Universo literalmente les mostraba el camino a seguir, un paso a la vez. También era divertido, y había risas y chistes… ¡y no olvidemos el karaoke! Una vez que la reunión principal terminaba, los asistentes nos deleitábamos unos a otros con nuestras mejores interpretaciones de canciones de música pop.

Esas reuniones de oración representaron otro cambio. Me permití decir que no a todo aquello que no le sumaba nada a mi vida (como cenas intrascendentes en donde sólo se hablaba de qué hacía quién, con quién y en dónde), y de ese modo abrí el espacio para asistir a esas reuniones de viernes por la noche. Me involucré con una comunidad de personas que experimentaban la vida (lo bueno, lo malo y lo intermedio) y permanecían arraigadas a la fe, la gratitud y la creencia ferviente de que la divinidad tenía un plan en puerta para cada una de ellas. Aunque en momentos de tristeza, angustia, dificultad o fatiga fueran incapaz de verlo, lo creían. Y, poco a poco, yo también empecé a creerlo.

Asistí a esos servicios todas las semanas durante más o menos un año. A mi esposo, sin embargo, le decía que iba a clases de yoga, pues no quería que nadie se burlara de mí ni que me juzgara, y lo más probable es que él hubiera hecho ambas cosas si se hubiera enterado de que en realidad iba a una iglesia. Aunque cada uno profesaba una religión distinta (él era hindú y yo sikh), jamás entendería mi decisión de ir a una iglesia, y la verdad era que no se me daba la gana explicárselo a nadie, mucho menos a él. Él no entendería que no se trataba de una religión sino de los elementos compartidos entre sistemas de creencias. Para mí, era una experiencia transformadora que en ese entonces me transmitía algo que no era capaz de entender y apreciar del todo.

Los momentos fortuitos dieron lugar a pasos sustanciales. Jamás olvidaré una de esas interacciones. Era el cumpleaños cuarenta de mi amiga, quien organizó una cata de vinos en un pequeño viñedo familiar encaramado en una colina que daba a la bahía. El día de la fiesta hacía frío y, como sería al aire libre, me puse una chaqueta adecuada. Los invitados nos apretujamos en torno a los calentadores exteriores para disfrutar los deliciosos vinos, deleitarnos con los postrecillos y brindar por nuestra amiga querida.

Entre los asistentes estaba una mujer pequeña y de cabello esponjado a la que yo no conocía. Aunque era un tanto reservada, participó en algunas de las conversaciones cercanas. De cuando en cuando se alejaba del grupo y se quedaba a solas. De hecho, lo hizo varias veces: primero estaba integrada al grupo y se reía, y luego se alejaba unos cuantos metros para estar sola unos cinco minutos antes de volver a integrarse.

Me llamó la atención y sentí la necesidad de forjar un vínculo con ella. Decidí que, cuando volviera a distanciarse del grupo, me le acercaría. Como la fiesta estaba por terminar, me armé de valor para acercarme y le dije de forma muy tajante e inusual para mí: "Me pareces muy interesante y me atrae tu energía". Me sorprendió oír esas palabras saliendo de mi boca. No sé si alguna vez le había dicho a alguien que me atraía su energía. Creo que JAMÁS. A la mayoría de la gente le habría parecido ridículo, pero a ella le resonó por completo.

A mí sí me habían dicho esa frase. De hecho, me había ocurrido dos veces: una vez mientras andaba por las concurridas calles de San Francisco; la segunda, en un centro comercial abarrotado. Cuando me pasó, me tomó tan desprevenida que sólo pude acelerar el paso, sin atreverme a mirar a esas personas a los ojos. No fue porque creyera que estaban locas, sino porque no sabía qué vendría después de esa afirmación y, en ese entonces, no tenía ganas de averiguarlo. Pero esta vez fue distinta. Fui yo quien lo dijo. Y fue algo completamente auténtico. Por fortuna, también fue bien recibido. La joven me miró a los ojos y me sonrió antes de contestar: "Estoy sintiendo una fuerte energía de alguien. Tal vez sea la tuya". De inmediato percibí el chispazo del alma y le dije: "Sí, tal vez lo sea".

Resultó que, además de ser fisioterapeuta, era psíquica y hacía sanación de chacras. Después de unos minutos de estar juntas en medio del viñedo, me miró a los ojos y declaró: "Vas a estar bien". No sé bien por qué dijo exactamente esas palabras, pero me sacudieron a un nivel muy profundo.

Cuando iba en el auto, de camino a la fiesta, me sentía rebasada por las emociones, abrumada, triste y desconcertada con mi vida y las circunstancias en las que me encontraba. Mi esposo y yo habíamos peleado otra vez, de modo que salí de casa sintiéndome derrotada y drenada. A pesar de los cambios y de los claros mensajes del Universo que aparecían en mi vida, seguía cuestionando mis propias creencias y preguntándome si las cosas en verdad mejorarían y cuándo. Ella lo percibió de forma intuitiva, por lo que sus palabras fueron para mí como un recordatorio divino, un chispazo del alma, de que debía seguir por ese camino.

Empezamos a reunirnos de forma periódica en el pequeño pero acogedor estudio de sanación. Durante las sesiones, mientras ella hablaba, yo veía cómo se conectaba físicamente con la divinidad para comunicarme los mensajes que me hacía falta escuchar. Ladeaba la cabeza hacia el cielo, alzaba la mirada y los ojos le vibraban como alas de mariposa. Yo intentaba seguir su mirada para tratar de identificar físicamente aquello con lo que se conectaba, pero siempre terminaba viendo nomás los focos o el color de la pintura del techo.

A través de nuestras conversaciones, me ayudó a entender mejor la forma en que nuestra vida acostumbra enviarnos mensajes y el hecho de que debemos tener la apertura para recibirlos. Con su orientación, aprendí técnicas (algunas relacionadas con los chacras y otras simplemente relacionadas con la vida) que me ayudaron a estar más abierta a los modos del Universo. Era otra forma en la que, al abrir diminutos espacios de recepción en mi interior, pude escuchar el mensaje sobre dónde estaba ubicada en la vida y hacia dónde tenía que dirigirme.

El Universo me presentó a esas personas en el momento exacto en el que las necesité para que me impulsaran en mi viaje espiritual. Sabía que no lo emprendería por voluntad propia, pues la lógica me impediría dar el salto de fe que tanta falta me hacía. Al abrir algo de espacio y mantener la apertura, por ínfima que fuera, pude permitir la entrada de otras personas. ¡Y vaya que llegaron! Empezaron a aparecer distintas personas que me ayudaron a avanzar, aunque fuera poco a poco, hacia aquel individuo en el que necesitaba convertirme. Necesitaba que me abrieran las puertas y me ayudaran a ver las circunstancias de mi vida con nuevos ojos, pues armada únicamente con la lógica sería incapaz de lograrlo por mí misma.

Al consultar a astrólogos, psíquicos y médiums, o incluso al rezar enfáticamente en la iglesia, lo que hacía era buscar respuestas fuera de mí que habría sido capaz de descifrar desde mi propio interior. Sin embargo, no sabía cómo entrar en sintonía con mis propias verdades. El portal hacia una mayor introspección se fue abriendo con la llegada de cada una de estas personas, como si el Universo las hubiera formado en fila. Era como si hubiera estado destinada a toparme con cada una de ellas, una tras otra, mientras esperaba la llegada del colapso. Era como si, poco a poco, cada una de ellas estuviera destinada a ayudarme no sólo a oír lo que decía mi yo más interno, sino también a creerle. A través de estas conversaciones, aprendí que la espiritualidad estaba al alcance de mi mano. No necesitaba un chamán, un gurú ni una instructora de yoga que lo descifrara por mí. Con el tiempo, fui capaz de descifrarlo sola.

Hola, colega:

Si me hubieras dicho que antes del colapso conocería a un gran reparto de personajes que fungirían como conductos que me permitirían entender mejor el Universo, creo que me habría reído. No, olvídalo. DEFINITIVAMENTE me habría reído. Cuando operas desde la lógica y los hechos incontrovertibles, no te imaginas que se la pase llegando a tu vida gente que al parecer está ahí por azar, pero que conmociona las cosas de formas que no concebías. En mi caso, eso fue precisamente lo que ocurrió. A mi mundo fueron llegando personas, una tras otra, que traían mensajes del Universo que cambiaron mi vida de las mejores formas posibles.

Es posible que esto mismo te haya ocurrido también.

Intenta Esto Revisa los contactos guardados en tu teléfono y presta atención al nombre de cada persona. ¿Cuántas de esas personas aparecieron en tu vida de forma aleatoria y terminaron desempeñando un papel mucho más grande? Ve una por una y recuerda cómo llegaron a tu vida. Luego, reflexiona sobre el papel que desempeñan en este momento. Habrá algunas que sólo eran conocidos y lo siguen siendo. Pero también es probable que haya otras que influyeron en tu vida de formas que no pudiste anticipar cuando recién las conociste.

Inténtalo.

Con amor,
Yo

CAPÍTULO 5

Hola, Universo:

Al fin llegó el día y no quepo de la emoción. Hace cinco meses no paraba de llorar en el armario, ansiando con desesperación un descanso, a pesar de que sabía que no tenía tiempo para tomarlo. Al fin terminó la espera. Por fin llegó el colapso. Es extraño que me emocione tanto. O sea, ¿a quién le dan ganas de bailar porque sabe que tendrá un colapso? Sin embargo, ¡así estoy! Esperé cinco largos meses para empezar el proceso de descifrar qué hay que arreglar y cómo hacerlo. Al fin llegó el momento, y en serio no quepo del entusiasmo.

Por fortuna, me presentaste algunos cambios extraordinarios que, a pesar de ser pequeños, me permitieron sobrellevar estos cinco meses. También me pusiste enfrente gente interesante (mucha gente interesante, por cierto) que genuinamente creo que son mensajeros que enviaste para que aparecieran en mi vida y favorecieran esos cambios. Sin duda, actúas de formas misteriosas. Lo bueno es que ya te tomé la medida.

También me presentaste una serie de desengaños, decepciones y frustraciones constantes mientras esperaba el comienzo del colapso. En vez de que estos incidentes dieran lugar a otra sesión de llanto en el armario o algo peor, sólo los agregué a la lista cada vez más larga de lo que necesitaría procesar durante mi "sabático".

En fin, ¡ya estoy aquí! ¡Llegó la hora! Veamos qué nos tiene preparado este colapso.

Con amor,

Yo

Soy una de esas mujeres que debía fingir que el tiempo que me dedicaba a mí misma lo ocupaba haciendo otra cosa. Si salía a dar un paseo por la cuadra era en realidad para tener algo de privacidad y para poder hablar libremente con mi hermana sobre mi matrimonio. A veces le decía a mi marido que saldría a hacer pendientes y compras, pero en realidad dedicaba una hora a recibir un bien merecido masaje. En otras ocasiones, fingía que debía viajar a Los Ángeles por trabajo, pero en realidad huía a casa de mi mamá para beber champaña junto a la alberca y relajarme, disfrutar de un descanso ininterrumpido y recibir el amor de mamá. Ni siquiera me atrevía a llamarle colapso a mi colapso, pues no pude tenerlo cuando más lo necesité. Tuve que esperar hasta poder programarlo y disimularlo como un "sabático" bien merecido.

Llegar hasta ese punto fue agotador. Pasar un mes lejos del trabajo no era poca cosa; de hecho, requirió una planeación detallada para que, en mi ausencia, los proyectos siguieran marchando viento en popa. A diferencia de la mayoría de los profesionales actuales, mi intención era desconectarme por completo de la oficina. Eso significaba que el celular no vibraría cada vez que llegara un correo electrónico y que no estaría revisando de forma obsesiva si algún cliente tenía una nueva crisis que necesitara mi atención. Consideré que no bastaría con desactivar las notificaciones en el teléfono, así que decidí borrar por completo la app del correo electrónico. Para quienes sentimos que el celular es una extremidad adicional al final de la mano, no es algo sencillo ni cómodo (de hecho, es bastante aterrador). Sin embargo, tenía la sensación inminente de que, para hacer cambios sustanciales, necesitaba hacer a un lado cualquier distracción innecesaria. Necesitaba estar 100% presente en mi colapso para permitir que los ajustes, los cambios y los avances se arraigaran. Estar al pendiente del trabajo, así fuera echándole un vistazo al correo o recibiendo una que otra llamada de índole laboral, como solía hacer cada vez que salía de vacaciones, sería un salvavidas para huir del colapso y volver a ser la persona con la que estaba más familiarizada. Y no quería eso.

Decidí crear una estructura para ser de forma desestructurada. Mis días estaban programados más o menos así:

8:30 - Dejar a mi hija en la escuela

9:00 - Yoga

10:30 - Escribir en mi diario en una cafetería

12:30 - Ir por mi hija a la escuela

2:00 - Pintar

5:00 - Preparar la cena y realizar rutina nocturna con mi hija

7:00 - Escribir, leer, meditar

El contraste con mis horarios de trabajo habituales era muy notorio. Por lo regular, tenía juntas de trabajo durante todo el día. De hecho, conducir para ir a ver a un cliente no implicaba sólo conducir, sino que en el trayecto también acostumbraba tomar llamadas de trabajo que, dependiendo de la duración del viaje, podían ser más de una. Siempre tenía prisa, siempre me salía de las juntas un par de minutos antes para llegar a la siguiente un par de minutos tarde. Tener tiempo libre y espacios de esparcimiento durante el día iba a ser un lujo sin precedentes.

La programación del colapso también estaba orientada a la creatividad. Siempre me ha gustado escribir, y he llevado un diario de forma intermitente, pero casi siempre constante, desde los 12 años. Escribí para los periódicos escolares en el bachillerato y la universidad, y fui becaria del *San Diego Union-Tribune*. Comencé y abandoné varios proyectos de escritura a lo largo de los años, desde un blog sobre bodas hasta un libro sobre mis aventuras con las apps de citas. Si tendría varios espacios durante mi "sabático", sin duda los usaría para avivar mi pasión por la escritura y para poner en papel lo que necesitara expresar. No tenía idea de qué saldría, pero supuse que, teniendo tiempo, un bolígrafo y un diario hermoso que me regaló una amiga, lo descifraría tarde o temprano.

También quería pintar. Es una espinita que se me clavó durante un evento laboral sobre integración de equipos, una de esas sofisticadas fiestas para pintar y beber vino que están tan de moda en Estados Unidos. Esa fiesta en particular se llevó a cabo en el que por fuera aparentaba ser un edificio de oficinas setentero, un poco descuidado y nada llamativo. Entré, subí por las escaleras al segundo piso y recorrí los pasillos de forma tentativa en busca del lugar correcto. Y al fin lo encontré, escondido en un rincón: la suite 202. Al abrir la puerta, quedé embelesada. La oficina había sido transformada en una calle parisina, el profesor de pintura que traía puesta una boina y de las bocinas salía música francesa. Me recibieron con una divina copa de vino espumoso y me llevaron de la mano a un lugar del aula donde me esperaba un lienzo blanco de tamaño mediano, pinturas y pinceles.

Tan pronto tomé el pincel, lo sentí como si fuera una extensión de mí misma. Me fascinaron los hermosos colores que estaban dispuestos frente a mí. El lienzo blanco vacío esperaba que mi creatividad llenara cada centímetro de su superficie con lo que a mí se me antojara. Quedé enganchada al instante.

El colapso programado representaba la oportunidad perfecta para ahondar en el interés por la pintura. A través de la amiga de una amiga, conocí a Tina, una mujer de menos de 50 años que había pasado su vida criando a sus dos hijos y pintando en su garaje cada vez que tenía tiempo libre. Como sus hijos ya estaban en el bachillerato y la universidad, ya no la necesitaban tanto. Por ende, ahora no sólo podía pintar por placer, sino que también podía retomar su principal pasión: la enseñanza. Por lo tanto, empezó a dar clases de pintura a grupos de niños y adultos (como yo).

Empezamos a pintar juntas varias veces por semana en el estudio de su casa. Sus gestos suaves, su conocimiento sobre la materia y su paciencia y generosidad para enseñarme fueron una auténtica bendición. Por lo regular pintábamos flores de distintos tamaños, formas y dimensiones. A los pocos segundos de iniciar cada sesión, me sumergía en perfeccionar cada uno de los pétalos en el lienzo. A veces pasaban dos horas que parecían simples segundos mientras mezclaba tonos de rosa y verde de forma muy minuciosa (déjame decirte que hay más tonos de los que te imaginas). Poco a poco me fui familiarizando con los distintos pinceles y las oportunidades que cada uno planteaba para pintar pétalos de la forma lo más realista posible.

Adquirí una conciencia plena en toda la extensión del concepto. No sólo estaba presente al dar cada pincelada, sino que también aprendí a ser más consciente de mi entorno. Antes de esas clases, nunca había considerado del todo la forma de las flores, los diversos colores que se conjugan en cada pétalo ni los ángulos que la Madre Naturaleza nos muestra sin gran esfuerzo en cada una de sus siluetas, desde una brizna de hierba hasta el tronco de un árbol. Entendí la profundidad del mundo, no sólo en su totalidad, sino en cada una de las partículas que ocupan hasta el último de sus rincones. La experiencia me hizo retroceder y fijarme en cada una de las nubes, en las curvaturas de las colinas, en la forma en que la luz se refleja en los edificios. Aprendí mucho sobre pintura con Tina.

A nadie le sorprendió más que a mí esa capacidad de estar así de presente y consciente y de Zen durante mi colapso programado. Antes de ese sabático, si alguien me hubiera sugerido que me perdiera en la pintura, lo habría mirado con suspicacia. Sin embargo, durante ese tiempo de descanso, el simple hecho de haberme dado permiso para profundizar en mí misma y de haber eliminado varios de los obstáculos que me bloqueaban en la cotidianidad y que generaban demasiado ruido y distracciones innecesarias implicó que pude estar presente y sumergirme a cabalidad en algo tan hermoso como los pincelazos del pétalo de una flor.

Darle una salida a mi creatividad fue parte importante de ese sabático. Otra parte importante fue el yoga y la meditación. En abundancia. Llevaba 15 años practicando yoga de forma intermitente, una práctica capaz de tranquilizarme, centrarme y llenarme de energía que me permitió abrirme de formas muy relevantes. Sabía que tener días de absoluta disponibilidad significaba que podía ir a clases de yoga casi a diario con las mamás amas de casa y las jubiladas de la comunidad. Supuse que hacer más yoga sólo podría traer consigo cosas buenas y que, al abrirme (de forma casi literal), las revelaciones llegarían sin lugar a dudas.

Sin embargo, la verdadera estrella inesperada fue, sorprendentemente, la meditación. No imaginé que me vincularía de forma tan profunda con la meditación durante ese periodo ni que la practicaría con tanta regularidad, pues sin duda no era parte del plan. Pero en mi estudio de yoga local la instructora iniciaba y terminaba cada una de las sesiones con una meditación guiada. Con una voz dulce y hermosa decía: "Cierren los ojos e inhalen profundo, de forma intencionada. Inhalen por la nariz, exhalen por la boca". Nos pedía que dejáramos de pensar en las listas de pendientes, en los problemas, en las preocupaciones. Y nos guiaba para prestar atención a la respiración y dejar los pensamientos de lado.

Dado que yo era una novata para eso de la meditación, rara vez lograba vaciar mi mente por completo. Además, el colapso programado no implicó que mis problemas desaparecieran. Había mucha conmoción. Mi hija seguía sin poder dormir bien. Tenía que atender la casa. Mi marido estaba siendo la versión más esteroidea de sí mismo: más irritable, más distanciado, más displicente. Sin embargo, durante el tiempo que pasé con la instructora, en esas sesiones, con los otros asistentes que también respiraban de forma intencionada e intentaban dejar atrás las fuentes de estrés cotidiano y estar del todo presentes en su respiración, ocurrió algo mágico: ansiaba prolongar cada vez más ese momento.

Empecé a devorar todo lo que se me atravesaba sobre meditación y cómo aprender por mi cuenta a meditar de forma más regular y, en última instancia, más profunda. Encontré una app para el celular que me permitió hacer justo eso. Me acurrucaba en mi lugar favorito, me ponía audífonos, abría la app y escuchaba una voz tan hermosa y reconfortante como la de mi instructora de yoga que me guiaba a través de la meditación. De hecho, su voz por sí sola era capaz de aliviar buena parte de la tensión del día.

La profesora de meditación del teléfono siempre empezaba diciendo: "Aclara la mente". Aclarar la mente no es cosa fácil, en especial cuando tienes una mente tan saturada y bulliciosa como la mía. Te juro que mi mente era como una estación de metro del centro de Nueva York en plena hora pico. Había mares de gente conversando, gritando, escuchando música, riendo y revisando su celular como si fueran sardinas enlatadas que esperaban la llegada del tren para llegar cuanto antes a su destino.

Empecé visualizándome por encima de la plataforma congestionada, viendo a la gente empaquetada que esperaba la llegada de su tren. Con detenimiento seleccionaba una persona ruidosa a la vez, le daba un golpecito en el hombro, le daba un jaloncito del cuello de la camisa y la sacaba de la escena. Luego a otra. Y luego a otra. No seguía un método ni un orden para ir extrayendo a la gente. Simplemente la iba sacando, una por una. Les daba las gracias por estar ahí, en la atestada estación de metro que era mi cerebro, y les pedía con gentileza que se quitaran del camino. De ese modo, empecé no sólo a abrir espacios en mi estación de metro ficticia, sino también en mi mente. Conforme la multitud se iba disipando, al fin tenía espacio, y era glorioso. Era una sensación expansiva. Reconfortante. Una sensación de libertad. Una sensación que desbordaba claridad. Y durante la meditación me conectaba con esa sensación.

Me sentaba conmigo misma en ese espacio tanto como era posible. Empecé poco a poco, durante cinco o 10 minutos a la vez, cada vez que era posible. A la larga, terminé haciendo meditaciones regulares de entre 20 y 30 minutos. Ya no necesitaba la app y podía guiarme con facilidad hasta ese espacio. Aprendí no sólo a estar en silencio y a ralentizar mis pensamientos, sino que también me permití el tiempo y el espacio para que saliera a relucir lo que burbujeaba en mi interior. No era la lista de los pendientes que había que llevar a cabo durante el día ni la lista de cosas que había que comprar en el supermercado de camino a casa ni la lista de correos electrónicos pendientes. En vez de eso, implicaba genuinamente escuchar aquello que estaba enterrado en las profundidades de mi ser y que necesitaba salir a la superficie.

Lo mejor de todo era que la meditación y la forma en que estructuré mis días me daba el tiempo para estar del todo presente con mi hija. Desde que nació y las enfermeras me la entregaron, supe que ella y yo llevábamos compartiendo varias vidas. No era la primera vez que nos veíamos. Al examinar sus diminutos pies, sus manitas perfectas, sus enormes ojos pardos, supe que era casi un hecho que nuestras almas estaban conectadas más allá del reino terrenal en el que nos encontrábamos en ese momento. Eso no significaba que fuéramos parecidas. Ella es sumamente animosa, enérgica, valiente e intrépida. Es temeraria, audaz y arriesgada. ¿Y yo? Yo soy todo lo contrario. Siempre soy vacilante, demasiado cautelosa, más reservada e incapaz de subirme a una tirolesa o de sentarme en la primera fila de una aterradora montaña rusa. No obstante, estoy aprendiendo a no permitir que mis limitaciones ni la forma en que me criaron determinen la forma en que yo la crío a ella. Estoy aprendiendo a ser más abierta y a estar dispuesta a involucrarme en sus aventuras y a involucrarme en sus intereses, incluso si me parecen aterradores.

Estar con ella y ser su mamá ha sido el mayor regalo que me ha dado la vida y es la razón por la cual aquel periodo "vacacional" en casa fue la mejor decisión que pude tomar. No quería dejarla de lado mientras me encontraba a mí misma. Quería encontrarme a mí misma teniéndola a mi lado. Así que, en vez de intentar huir, quería estar 100% presente en mi vida cotidiana para entender, contemplar, reflexionar y cambiar. Hasta las frustraciones cotidianas (como despertar a diario por el ruido del camión de basura, pegarme en el dedo chiquito del pie al bajar de la cama o ver la montaña de platos sucios en el fregadero) dejaron de alterar la calma de mi día.

Tardé unos cuantos días en acostumbrarme a hacer menos cosas de las que solía hacer, pero poco a poco los cambios se fueron arraigando. Pintar, hacer yoga, escribir en mi diario y meditar me permitían calmar la mente e ir soltando las fuentes de estrés acumuladas. Poco a poco, las presiones se fueron disipando y dando lugar a nuevas formas de entendimiento. Hasta las actividades cotidianas que eran inescapables (como lavar la ropa o sacar la basura) se volvieron actos de conciencia plena que aprendí a disfrutar y a aceptar con una perspectiva distinta. Me resultó satisfactorio ser productivamente improductiva, y también me fascinó el desafío de encontrar un ritmo de vida menos acelerado. Sin embargo, lo que sí se aceleró fue la retahíla de epifanías que tuve durante ese periodo. La vida me habló y, por fortuna, tuve la capacidad de escucharla.

Hola, colega:

Aquí y ahora te doy permiso de hacer lo que necesites. Te doy el abrazo, la mirada confiada y el chispazo del alma que necesites para hacer aquello que se requiere para que tu vida mantenga el rumbo. Si estás desesperada por tomar un descanso, si necesitas reiniciar tu vida y necesitas tomarte tiempo personal, pero no sabes si puedes o si debes hacerlo, permíteme decírtelo de forma tajante y Con amor: puedes hacerlo, colega. Deberías hacerlo. Debes hacerlo.

La estrategia que elijas para dedicar tiempo a reexaminar y observar tu vida depende de ti. Quizá sientas que tienes que salir corriendo y tomarte unas vacaciones. Quizá te sientas como yo y sólo quieras hacer una reestructuración de tu entorno cotidiano. O quizá tengas otro anhelo que desees explorar. Sea lo que sea, te doy permiso de darte a la tarea de hacerlo.

Quizá no tengas la menor idea de cómo empezar o cómo reiniciar tu vida. No tiene nada de malo. Si vas apaciguando tu mente poco a poco y te planteas una intención, encontrarás el camino. He aquí un mantra que usé con frecuencia en los meses previos a mi colapso. Te lo comparto por si acaso te resuena.

"En este instante, me regocijo en el acto de permitirme una aceptación cariñosa, tranquilizante y absoluta de la persona que soy. La capacidad para llenar mis reservas de esta

manera atrae las vibraciones altas y la creatividad, y me impulsa hacia la siguiente dimensión de mi propósito de vida."

Puedes recitar este mantra en voz alta. Puedes repetírtelo varias veces. O quizá prefieras ponerlo por escrito en un diario o en una hoja de papel hermosa. Puedes teclearlo, imprimirlo y llevarlo contigo para regresar a él a lo largo del camino. Sin importar cómo elijas usar este mantra, espero que sea un abrazo para tu ser que te brinde consuelo.

Con amor,
Yo

CAPÍTULO 6

Hola, Universo:

No sabía que sería tan difícil no hacer nada. Me daba ansiedad no enviar cien correos electrónicos al día. Me daba ansiedad no asistir a incontables juntas con clientes. Incluso me parecía raro no salir corriendo de la casa todas las mañanas. Sentía que estaba haciendo trampa al ir a yoga en mitad del día o disfrutar cada sorbo de un latte mientras pasaba horas soñando despierta en la cafetería. Entiendo que hay gente cuya profesión le permite darse ese lujo, pero definitivamente no era mi caso.

Por fortuna, aquella ansiedad se fue disipando. El espacio que se abrió le permitió a mi cerebro descomprimirse y ver más allá del ruido y las distracciones. El exceso de conmoción era simplemente una mantita reconfortante que usaba para evadir los sentimientos y las emociones profundas que activamente reprimí durante años.

Estabas plenamente consciente de que esto es lo que me ocurriría en este proceso, ¿verdad? Sabías que, al principio, querría volver corriendo a mi atareada vida habitual. Sabías que gravitaría hacia aquello que me era familiar. Sabías que me sentiría tentada a darme por vencida. Sabías que querría retomar la productividad como escudo para evitar el colapso y experimentar todo lo que necesitaba experimentar.

Por fortuna, no me abandonaste. Bastaba con lo mucho que me había abandonado a mí misma. Pero ya no más. Estaba lista para ver por mí misma. Sin embargo, cuando me entraban dudas, tú no dejabas de mostrarme el camino para que siguiera donde necesitaba estar para alcanzar el lugar al que estaba destinada a llegar.

Este periodo de descanso fue un regalo que diseñaste a la perfección. Te aseguraste de que en este periodo de tiempo recibiera una dosis saludable de risas y diversión para mantener el equilibrio. No podemos ser hiperintrospectivos todo el tiempo. Es decir, está bien mirar hacia adentro, pero a veces hay que sacarlo todo en una sesión de carcajadas con tus amigas. Eso fue justo lo que ocurrió durante mi sabático: risas, diversión y algunas revelaciones profundas, cortesía de Mindi, mi mejor amiga.

Sigue mostrándome el camino.

Con amor,
Yo

Los espacios que abrió el sabático coincidieron a la perfección con unos cuantos viajecitos de fin de semana en los que mi esposo podía fácilmente cuidar a nuestra hija. Era extraordinario que dejara a mi hija y me fuera de viaje. Desde que nació, a lo mucho la había dejado un par de veces sola con su papá: una vez por un viaje de dos días a Nueva York y una vez por una noche en un viaje al sur de California con mi hermana meses antes de su boda. Salir de viaje sin mi hija para pasar tiempo a solas era un regalo inusitado, y durante el mes de mi colapso programado ocurriría dos veces. Los viajes de fin de semana me brindarían la mezcla ideal de ocio y reflexión profunda, balanceada con diversión, risas y vitalidad. Lo que no sabía en ese momento era que cada fragmento de aquel colapso planeado a la perfección traería consigo enormes pedradas del Universo que no podría ignorar sin importar cuánto lo intentara.

Dos de mis mejores amigas, mi hermana y yo nos lanzamos un fin de semana a Vancouver para celebrar mi cumpleaños 40. Hicimos tours gastronómicos, fuimos a un spa y a bares, hicimos compras y caminamos y reímos muchísimo, gracias a lo cual fue un viaje espectacular. Incluso vi a mi mejor amiga de la infancia, quien vivía allá. Nos vestimos para salir de noche, vimos a una banda tocar en vivo, conversamos, nos reconectamos y nos divertimos como nunca.

Al final del viaje, cuando llegamos al aeropuerto, cada una de mis amigas se fue a una sala diferente para tomar su respectivo vuelo: una a Seattle y la otra a Los Ángeles. Nos dimos fuertes abrazos antes de despedirnos y cerramos con la frase obligada de que nos aseguraríamos de volverlo a hacer pronto. Mindi y yo viajaríamos más tarde a San Francisco, por lo que nos daba tiempo de compartir una copa de vino en el bar del aeropuerto antes del vuelo. Éramos amigas desde el primer año de la universidad y, del grupo de amigos que hicimos en esa época, parecía bastante improbable que ella y yo termináramos siendo las mejores amigas. Era una mujer de ascendencia polaca, petisa, animosa, excéntrica y brillantísima que provenía de Indiana. Yo, en cambio, era una chica de ascendencia india que vestía a la moda y estaba obsesionada con la cultura pop, y provenía de Los Ángeles. Aun así, teníamos la amistad más bella del mundo. Habíamos vivido rupturas, desilusiones amorosas, la muerte de nuestros respectivos padres y muchas otras cosas, y lo habíamos hecho juntas.

Mientras degustábamos una copa de vino acompañadas por los anuncios aeroportuarios de las llegadas y las salidas como ruido de fondo, Mindi me preguntó: "¿Qué has aprendido de este periodo de receso?". Suspiré profundamente. Fue uno de esos suspiros demasiado intensos. Ella era mi amiga más cercana, y sabía que no podía ocultarle mis emociones. También sabía que cualquier cosa que le compartiera se quedaría entre nosotras. Al voltear a verla, se me llenaron los ojos de lágrimas. Le contesté: "Me aterra la idea de estar en mi casa cuando mi marido también está ahí".

No era una sensación nueva. Llevaba mucho tiempo experimentándola pero no había logrado reconocerla de forma precisa. Decirle esas palabras a mi mejor amiga trajo consigo una sensación de temor mezclado con alivio. El temor era por no saber qué implicaba darme cuenta de ello. Pero, con tanto tiempo libre, ya no podía seguir sepultando lo que sentía. Cuando estaba con mis amigas, con mi hija o con mi familia, era la versión más auténtica y genuina de mí misma. En esos momentos sabía que era mi yo más verdadero. Sin embargo, cuando estaba con mi esposo, me obligaba a ser alguien distinto. Enmascaraba y minimizaba mis éxitos profesionales por miedo a que él se sintiera amenazado o que desestimara mis logros. Quizá no era intencional. Quizá eso lo hacía sentir mejor consigo mismo. No lo sé. Lo que sí sé es que yo me la pasaba impulsándolo para asegurarme de que se sintiera bien con su vida, sin importar cómo me hiciera sentir eso a mí.

Caí en cuenta de que, de forma un tanto inconsciente, acostumbraba ponerme el disfraz de esposa tan pronto llegaba a la casa después del trabajo, como cuando Clark Kent salía del periódico en el que trabajaba y se arrancaba la camisa y la corbata para revelar su traje de Superman. Yo, en cambio, dejaba mi versión normal y cotidiana en la esquina de mi calle como si fuera basura. Sin embargo, en vez de llevar un traje de superheroína bajo el atuendo laboral, llevaba pantalones de yoga y sudadera. En lugar de transformarme en algo extraordinario, como una superheroína capaz de salvar el día, dejaba de lado mi entusiasmo, mi asertividad, mi ambición y mis ánimos junto al bote de basura para luego recobrarlos cuando volviera a salir de casa. En el disfraz de esposa, no compartía mucho sobre mi día. No compartía los éxitos que tenía. En vez de eso, andaba de puntitas para asegurarme de no decir algo que pudiera ofender a mi esposo y me esforzaba por alabarlo para que sintiera que era lo suficientemente bueno, que era valioso, que lo que había hecho en el trabajo o durante el día era lo mejor que podría haberle ocurrido jamás.

No recuerdo bien cuándo empezó todo. Quizá fue cuando una colega del trabajo me nominó para el premio Silicon Valley of Women of Influence a través del periódico empresarial local. Era un honor que le concedían cada año a sólo 50 mujeres en los sectores empresarial, tecnológico, gubernamental, de las ONG y de la salud. Y no sólo me nominaron, sino que ¡me concedieron el premio! El periódico planeó festejar a las ganadoras con un gran banquete. Estaba tan orgullosa, emocionada y atónita de haber sido nominada, pero sobre todo de haber sido seleccionada. ¡Fue increíble! A la primera que le llamé fue mi mamá, quien resplandeció de orgullo como solía hacer cuando alguna de mis hermanas o yo lográbamos algo increíble. "¡Qué increíble, Beeki!" Me puso ese apodo por Beeker, un personaje de los Muppets, porque cuando era pequeñita me la pasaba balbuceando igual que Beeker. "¿Lo ves? ¡Te has esforzado tanto que al fin la gente te lo reconoce! ¡Qué emoción!"

Más tarde, cuando llegué a casa, se lo conté a mi esposo, convencida de que también se desbordaría de orgullo. "Ah, qué bien", me dijo. "Pero también se lo dieron a muchas otras personas. No es la gran cosa. No es como si te hubieran dado un premio junto con grandes mujeres, como Marissa Mayer o Carly Fiorina. Esas sí son mujeres que han influido en Silicon Valley. Pero bueno, buen trabajo". Sí, era cierto que yo no era la CEO de Yahoo ni de Hewlett Packard. Y sí, ninguna de esas dos mujeres recibiría este premio, pero yo sí, y era un enorme honor para mí. Si bien mi influencia no se extendía hasta las salas de juntas de Silicon Valley como sí lo hacía la de ellas, estaba haciendo las cosas bien, pues no por nada aquella organización me reconocería por mis logros.

De la forma amorosa y gentil en la que solía expresaba sus observaciones sin sonar juiciosa, Mindi me dijo: "En todos los años que llevas con él, frecuentemente pones pretextos para justificar sus comportamientos y cómo te hacen sentir". Y tenía razón. El problema era que llevaba tanto tiempo haciéndolo que se había vuelto parte del ritmo de la relación que yo lo impulsara y me obligara a verme pequeñita a su lado para mantener la estabilidad del hogar. Para alguien que tenía tanta sed de vivir, que era tan proactiva, que quería hacer más y ser cada vez mejor en sus emprendimientos, reducirme de esa forma era una forma de traición contra mi yo verdadero. Aun así, era lo que solía hacer. Una y otra vez. Mes tras mes. Día tras día. Eso era justamente lo que hacía. Y, cuando se trataba de lo decepcionada que estaba de mi matrimonio, me refugiaba en mis amigas, sobre todo en Mindi; aun así, elegía seguir decepcionada. Tal vez él era indiferente. Tal vez simplemente no le importaba. Tal vez era su forma de ostentar el poder. Hasta la fecha, no sé cómo fue su experiencia en nuestro matrimonio. Lo único que sé es que yo siempre traía puesto el disfraz cuando estaba con él. No podía ser mi yo más verdadero.

Mi amiga escuchó pacientemente los pensamientos que estaban saliendo a relucir como producto del tiempo que había destinado para pensar, escribir, pintar y contemplar mis circunstancias de vida, en especial las de mi matrimonio, con más libertad. Ya antes me había oído quejarme. Éramos amigas desde hacía dos décadas, y había conocido a todos mis novios, sabía de todos mis desamores y estaba familiarizada con cada dificultad y cada triunfo que había experimentado. Conocía a la perfección la angustia que había sentido con mi esposo desde que éramos novios y desde que nos habíamos casado. También había sido testigo de lo mucho que me había esforzado por mantener el matrimonio a flote y sabía cuántas veces le había sugerido que fuéramos a terapia de pareja, a lo cual mi esposo siempre se negaba. Le había contado a Mindi que él pasaba meses portándose mejor, pero luego volvía a ser como antes, y eso me ponía tristísima.

En esta ocasión, me escuchó con la misma paciencia de siempre. Luego, ahí en el bar del aeropuerto, hizo una observación tan contundente que me acompañó durante el resto del colapso y se convirtió en la lente a través de la cual empecé a observar a mi esposo a partir de ese momento: "Desde la primera vez que los vi juntos, has estado en la disyuntiva entre considerar que no te agrada y simplemente tolerarlo. Nunca has expresado amor auténtico ni felicidad estando con él ni con respecto a tu relación". Jamás había concebido la relación en esos términos, pero ella expresó de forma muy puntual lo que llevaba mucho tiempo burbujeando en mi interior.

En ese momento me di cuenta de que no quería despertar a los 50 años y seguir quejándome de las mismas cosas de las que me quejaba hacía una década. Algo necesitaba cambiar, sólo no sabía qué ni cómo.

Hola, colega:

Todos hemos pasado por momentos en los que nos damos cuenta de que algo necesita cambiar. El problema es que no siempre hacemos algo al respecto, y quizá eso está bien. Quizá no es necesario resolver absolutamente todos los problemas. Quizá no es necesario reabrir todas las puertas cerradas. No lo sé. Lo que sí sé es que a veces seguimos haciendo las mismas cosas y de la misma manera porque nos resulta familiar, no porque nos enriquezca. Seguimos los mismos patrones y toleramos los mismos comportamientos porque nos resulta cómodo. Sabemos qué se siente estar en esas situaciones. Son familiares. Sin embargo, el hecho de que toleremos ciertos comportamientos porque nos son familiares y que sepamos cómo hacerlo no significa que debamos seguirlo haciendo.

En ocasiones no estamos conscientes de que merecemos algo mejor. Pero permíteme decírtelo con absoluta claridad y amor: te mereces algo mejor. Si has estado en una situación que te drena, que te entristece, que te frustra o que te enoja, y sigues tolerando algo que sabes que no te hace bien, quiero que sepas que puedes liberarte. Puedes crear los cambios que necesitas para vivir la mejor versión de tu vida. Claro que puedes. Todas las fuerzas del Universo están conspirando para llevarte hasta allá. Sólo necesitas tener claridad con respecto a lo que quieres y tener la disposición para esforzarte.

Intenta Esto

Dedica un momento a conectarte con lo que sientes en esos días en los que todo se alinea. En el caso de algunas personas, estos días son anomalías. En el caso de otras, quizá no son días enteros, sino simples instantes. Sin importar cómo sea para ti, quiero que estés completamente presente en ese espacio. Quiero que te conectes con esos días en los que despiertas por la mañana, tu casa se siente calmada y apacible, sin pendientes ni quehaceres por delante. No hay urgencia por llegar a ningún lado. Es ese día en el que puedes pasar hasta el último minuto haciendo cosas que te gustan, que te inspiran, que te emocionan. Cada interacción o suceso durante el día te hace sentir apoyado y en sintonía, pues estás haciendo aquello que más disfrutas.

¿Cómo te sientes en esos momentos? ¿Qué sensación has percibido que caracteriza esos días? Escribe los pensamientos que te vengan a la mente. Pueden ser una lista de palabras o de emociones, o puedes describir la experiencia a detalle. Conéctate genuinamente con la sensación que traen consigo ese tipo de días. A continuación, quiero que imagines que despiertas en una vida en la que te sientes así todos los días. ¿Cómo sería esa experiencia?

Una vez que termines, quiero que reconozcas que ya sabes cómo sentirte de esa manera. Sólo te hace falta descubrir el tiempo que puedes dedicarle cada día a hacer algo que cultive estos sentimientos. Quizá al principio resulte intimidante, pero con el tiempo lo harás con facilidad. Si vas arando pequeñas parcelas de tiempo a diario, comenzarás a sentirte más en sintonía y más conectado y enaltecido.

Con amor,
Yo

CAPÍTULO 7

Hola, Universo:

Ya estoy bien entrada en la segunda semana del colapso y puedo afirmar sin lugar a dudas que estoy aceptando y hasta adorando este ritmo de vida más apacible. Me tomó tiempo relajarme y acostumbrarme a él. Cuando empezó el sabático, se me hacía un poco antinatural y hasta forzado. Ahora que estoy fascinada con este ritmo estoy segura de que podría mantener esta forma de vida mucho más que sólo las cuatro semanas programadas. Pero no debo adelantarme. Sé que me falta mucho por experimentar en el tiempo que me queda, y lo espero con ansias.

El viaje a Vancouver fue increíble. Estar con Mindi y tener epifanías "a la Oprah Winfrey" fue épico. Por lo regular, inmediatamente después de una revelación me pongo en acción para arreglar o ajustar lo que sea necesario arreglar o ajustar. En esta ocasión, permitiré que la conversación con Mindi se vaya asentando, y sé que el resto del colapso me permitirá verla mejor. Sé que de tu cuenta corre que así sea. En algún momento tendré que emprender acciones, pero, por ahora, sólo quiero irme sumergiendo en las emociones y las introspecciones, en lugar de reaccionar de forma inmediata a ellas.

El retiro de yoga silencioso de esta semana me ayudará. Siempre fue uno de mis sueños asistir a un retiro vacacional de yoga. No estoy del todo segura de que podré guardar silencio durante cuatro días, pero estoy dispuesta a intentarlo. Tengo la sospecha de que escucharé muchos mensajes tuyos mientras guardo silencio. Así que, ¡aquí los espero!

Con amor,
Yo

La larguísima carretera rural que lleva al Silent Stay Retreat Center de Vacaville es extraordinaria. A ambos lados del camino se observa la campiña, donde los animales pastan cerca de las vallas, y hay graneros hermosos y acogedores, y colinas ondulantes. Aunque estaba a menos de dos horas de mi casa, lo sentí como si estuviera del otro lado del mundo. Me permitió escapar del barullo de la región de la Bahía, de los tecnólogos, de los mercados bursátiles, de los nuevos ricos, de los inventores y de los inversionistas. Ahora estaba en suelo agreste y, mientras los tecnólogos se seguían dedicando a crear tecnología de punta, yo me relajaría para inventar una nueva vida propia. Salir de la autopista y recorrer los 11 kilómetros de carretera rural fue extraordinario. Me inundó una sensación peculiar: el retiro de yoga silencioso sería una exquisitez.

Giré a la derecha cuando la campiña dio lugar a una colina inclinada. Conduje despacio, rodeé la colina y atravesé el sinuoso sendero ascendiente hasta que al fin llegué a un portón de hierro con grandes pilares de piedra y una sencilla placa dorada que decía "Silent Stay Hermitage". Cuando el portón se abrió, la magia comenzó. El alargado sendero de grava dio lugar a una especie de villa italiana en medio de un terreno de alrededor de 10 inmensas hectáreas. Al estacionarme y entrar a la propiedad, me asombró la deslumbrante belleza y simplicidad del lugar. El paisaje dejaba a cualquiera sin aliento. Había colinas sinuosas de distintos tonos de verde y café que se extendían hasta el horizonte. Y, más allá del entorno, la energía del recinto era cautivadora. Te acogía. Era casi como si el sol, el viento, el aire, el pasto y los árboles me hablaran todos al mismo tiempo y me dijeran: "No tienes idea de lo mucho que disfrutaremos el tiempo que pasaremos juntos".

Tuve suerte de encontrar ese lugar. Mientras pensaba qué hacer con el tiempo libre que tendría durante el sabático, empecé a buscar retiros de yoga, que era algo que siempre había querido intentar, pero que nunca había logrado hacer por cuestiones de tiempo, costo o ubicación. Siempre había algo que me frenaba. Pero luego, durante una lenta mañana lluviosa de domingo, mientras bebía café en el sofá, decidí buscar a una de mis instructoras de yoga favoritas de cuando recién llegué a la zona de la Bahía. En ese entonces, Nicole dirigía una clase de yoga restaurativa los viernes por la noche que se convirtió en mi lugar feliz. Mientras mis coetáneos bebían y salían de fiesta los viernes por la noche, yo asistía puntualmente al estudio de yoga de Nicole en Berkeley para desestresarme con ayuda de largas posturas profundamente relajantes que me permitían soltar la tensión de la semana mientras por los enormes ventanales del estudio veíamos la puesta del sol. Tenía más de siete años que no asistía a una clase con Nicole; sin embargo, ese día, mientras bebía café en el sofá, recordé que ocasionalmente organizaba retiros. La busqué en Google y encontré los datos de su nuevo estudio de yoga, así como un vínculo para los retiros programados para el resto del año. Como era de esperarse, había uno programado para el mes de junio que encajaba a la perfección con mi plan y mi presupuesto.

Cuando entré al eremitorio, me recibió con un cálido abrazo yogui; es decir, un abrazo intencionado, lleno de amor, rebosante de bendiciones. Era un abrazo lleno de conciencia plena de todo lo que estábamos por experimentar juntas. Durante ese abrazo, me sentí no sólo contenida por ella, sino también por el Universo. La fuerza y el amor con el que me estrujó me hizo sentir como si ese abrazo contuviera algo mucho más grande y poderoso que nosotras dos juntas. Experimenté una intensa sensación de complicidad espiritual que nos trascendía a ambas.

Más o menos al mismo tiempo llegaron doce de sus estudiantes, a quienes recibió de forma individual con el mismo abrazo cálido. Me pregunté si habrían sentido lo mismo que yo. Me pregunté también cuál sería su historia y qué los habría llevado ahí. Me pregunté qué habrían estado haciendo y pensando en el traslado en auto. Ni siquiera porque pasamos cuatro días juntos oí sus voces. Nunca supe cómo se llamaban. Tampoco supe cómo influyó aquel retiro en su vida a lo largo de los siguientes días, meses o años. Lo único que sé es que, a pesar de que fue hace varios años, sigo viendo sus rostros, sus sonrisas dulces y amorosas, y siento una profunda gratitud por aquellas 12 personas con las que compartí ese viaje.

Las habitaciones de la propiedad se parecían más a pequeñas habitaciones estudiantiles de lujo con baño propio y un balcón. Adentro sólo cabía una cama individual con ropa de cama deliciosa, un pequeño escritorio y una silla acogedora. Sin embargo, a pesar de ser diminuto, era más lujoso y liberador que un cuarto de hotel de mil estrellas. Aun así, sin importar la belleza del entorno, la calidez del alojamiento, la extraordinaria instructora de yoga a quien no había visto en siete años y los rostros gentiles y afectuosos de mis compañeros, cuando me acomodé en mi habitación, la emoción del retiro se disipó y dio lugar a ansiedades y temores.

Después de la primera hora en el eremitorio, empecé a calibrar lo que significaría pasar cuatro días en absoluto silencio. Sentí de pronto que las paredes de mi dormitorio cuasi estudiantil se cernían sobre mí, el corazón se me aceleró, la cabeza me empezó a palpitar, el miedo tomó las riendas y no supe cómo detenerlo. Entonces me empezó a dar vueltas la cabeza.

¿Podré estar cuatro días en silencio?

¿En serio quiero estar en silencio?

Esto es ridículo.

¿Qué hago aquí?

¿No sería mejor que estuviera en casa, con mi hija?

¿Acaso ella no necesita a su mamá en este momento?

¿Por qué quiero cambiar mi vida?

¿Qué tiene de malo mi vida, en realidad?

¿Estoy siendo egoísta?

¿Qué pasará en medio de todo este silencio?

¿Qué voy a pensar?

¿Qué revelaciones tendré?

Me siento atrapada.

Tengo que salir de aquí.

Necesito volver a casa.

Necesito salir de aquí.

No quiero escuchar nada de lo que esta experiencia quiera comunicarme.

Sáquenme de aquí.

El cuarto es muy chiquito.

Siento que me va a explotar el corazón.

¿Qué voy a hacer aquí?

¿Cómo me mantendré ocupada?

A ver, espera, no quiero mantenerme ocupada.

Quería estar en silencio.

Yo elegí venir aquí.

Yo quería venir aquí.

Recuerda cuando lloraste en el armario.

Recuerda que necesitabas un colapso.

Recuerda que esperaste meses para que llegara este momento.

Recuerda lo emocionada que te sentías hace dos horas, en el viaje de camino.

Recuerda que será algo bueno para ti.

Recuerda el cálido abrazo de la instructora de yoga.

Recuerda que hace unos minutos sentías que estabas destinada a estar aquí.

Mientras el mundo me daba vueltas y sentía que había perdido el control, abrí las cortinas del cuartito y salí al balcón. Inhalé y exhalé profundo varias veces para liberar la ansiedad. Me distancié de los temores y de las interrogantes que me inundaron la cabeza. Recordé que yo lo había elegido. Quería estar ahí. Quería ese sabático. Quería colapsar. Quería ahondar muchísimo en mí para descifrar qué era lo que en realidad quería y necesitaba. Poco a poco, esas respiraciones profundas y el aire fresco me ayudaron a que la marea se calmara.

El ritmo al que fluyó el retiro fue divino. Todas las mañanas despertaba, hacía una prensa francesa en la cocina comunal y me sentaba en mi balcón a estar 100% presente en el momento. Observaba cómo los primeros rayos del sol iluminaban las colinas. Me perdía en las incontables tonalidades de verde y café de las montañas. Los sonidos del silencio me resultaban cada vez más fascinantes. Sonreía al ver las aves pasar volando y la pequeña parvada de pavos que deambulaba de un lado a otro de la propiedad. No había correos electrónicos de los cuales ocuparse. No tenía que hacerle de desayunar a la familia. No había videollamadas pendientes. Sólo estábamos mi café, el paisaje, el silencio y yo.

La programación del retiro era bastante flexible. El día comenzaba a las 9 a.m., con dos horas de meditación y yoga. El resto del día lo teníamos libre para sentarnos en silencio, meditar por cuenta propia, nadar, hacer senderismo o simplemente descansar. El grupo volvía a reunirse a las 7 p.m. para otra sesión de yoga y meditación. Esa forma de programar las actividades al comienzo y al final del día nos dejaba mucho tiempo para pensar, para observar el extraordinario entorno y para reflexionar. Por momentos me perdía en el hermoso cielo azul, las nubes cuasi pictóricas, los colibrís y las libélulas que pasaban por ahí. Era como si el ruidoso exterior de mi mente estuviera dando lugar a capas tras capas de paz que vivían bajo él. Podía simplemente observar lo que se me antojara sin que me estorbaran las oleadas de pensamientos prácticos e innecesarios. Jamás había experimentado una paz así de profunda.

Llevé conmigo dos libros, y sin duda tuve mucho tiempo para perderme en ellos. También llevé mi diario. Encontré muchos lugares hermosos en los cuales sentarme: bajo un árbol, en una hamaca, en la orilla de la piscina, en un sillón acogedor... Y simplemente escribí. Las palabras fluyeron sin parar. Cualquier pensamiento, introspección o palabra aleatoria que me viniera a la mente la escribía. Por ejemplo, he aquí un pasaje del tercer día del retiro:

16 de junio de 2017

Pensé que este tiempo de descanso me revelaría un potencial proyecto de escritura o un emprendimiento de negocios. Sin embargo, a lo largo de este sabático, y en especial aquí en Silent Stay, el mensaje que he recibido es el de observar. Observar el momento actual. Necesito estar completamente presente en donde estoy para ver todo lo que en realidad está ocurriendo. Debo observar la hoja que cae del árbol. Observar al colibrí que zumba. Conforme más observo, más bajo la velocidad. El desafío será no sólo oír lo que mi alma, mi espíritu y el Universo quieren decirme, sino también escuchar aquel otro mensaje. Honrarlo y vivirlo.

Me la pasé escribiendo variaciones del concepto de *autenticidad*. Una y otra vez se me salía de las manos y terminaba en el papel. A veces era sólo esa palabra. A veces surgía en forma de pregunta (*¿cómo puedo ser la versión más auténtica de mí misma?*). A veces era en el contexto de una mini epifanía que parecía haber ocurrido de la nada. Día tras día (e incluso varias veces al día), el concepto salía a relucir.

El otro pensamiento que solía emerger era la necesidad de bajar la velocidad, en especial la idea de que, para convertirme en la versión más verdadera y *auténtica* de mí misma, necesitaba seguir frenando. Necesitaba incorporar actividades que me permitieran liberar toda la tensión, el estrés y el ruido, y que me conectaran con mi yo interno. Largos baños en una tina. Caminatas en la naturaleza. Meditación. Ver al colibrí pasar y observarlo con detenimiento: el pico puntiagudo, las alas coloridas, la velocidad de su aleteo. Encontrar tiempo para hacer una pausa de mi vida cotidiana habitual, aunque fuera de apenas unos minutos, era necesario para liberar todas las capas de mi ser y conectarme de forma más profunda con mi esencia interior.

Las coincidencias no existen. Llegué a ese retiro con esa instructora de yoga en ese momento preciso porque estaba destinado a ser exactamente de esa manera. Al igual que todo lo demás. Todo lo que estaba ocurriendo en mi vida era parte de una historia más grande. Nada era aleatorio. Se me estaban presentando situaciones, personas y hasta pensamientos que intencionalmente gravitaban hacia mí para transformar mi vida. Esta epifanía hizo que se me llenaran los ojos de lágrimas. Había un poder superior. Había alguien o algo mucho más grande que mi ser físico que quería que yo viera mi propia vida bajo una nueva óptica.

Hola, colega:

¿Has experimentado alguna vez la paz profunda? ¿Alguna vez has desglosado tu mente y el ruido de tus pensamientos a tal grado que fuiste capaz de oír a tu alma hablar? Si te pareces a como era yo antes de mi colapso anunciado, la respuesta es "¡Para nada!". Nunca había tiempo para desestresarse de verdad. Es decir, quizá hubo una buena siesta por ahí, un masaje agradable por allá o una agradable caminata en la naturaleza. Sin embargo, si requería más de unas cuantas horas, no podía darme el lujo de llevarlo a cabo ni de averiguar cómo se sentiría hacerlo.

Quizá eres el tipo de persona que evita activamente que haya demasiado silencio, y pasar demasiado tiempo contigo misma te resulta aterrador. No sabes qué es lo que te ayudará a oír todo ese silencio. Sin embargo, estar con nosotros mismos y experimentar ese silencio profundo nos permite sumergirnos bajo las capas del ruido cotidiano y escuchar aquello que estamos destinados a oír.

Imagina que estás sentado en tu lugar favorito, tu lugar reconfortante. Quizá sea en la costa, acostado en la suave arena de tu playa favorita. Quizá sea en las montañas, entre los árboles, o incluso en medio de una enérgica jungla de concreto. Sin importar el tipo de escapatoria que prefieras, imagínate ahí. Relaja los ojos y permítele a tu mente que te lleve a ese lugar tranquilo y apacible en el que te sientes completamente abrazado por la naturaleza. Nada te interrumpe. Estás a salvo. Estás tranquilo. Mientras te imaginas en ese lugar hermoso, ve a la parte más apacible de tu ser, la parte que está abierta y dispuesta a escuchar, y que es capaz de hacerlo. No tiene nada de malo que no la encuentres de inmediato. Basta con que te permitas tener la conciencia de que has elegido este momento para estar con una parte más profunda de tu ser.

Conforme realices esta práctica con más frecuencia, irás desatando capas de ruido y, conforme lo hagas, podrían surgir verdades, sabiduría e introspecciones más profundas. A medida que eso ocurra, anota todo en tu diario. No lo juzgues ni intentes analizarlo. Sólo agradece que en ese momento oíste algo que no habías oído antes, y regocíjate en ello.

Con amor,
Yo

CAPÍTULO 8

Hola, Universo:

Dicen que en la forma del pedir está el dar. Pedí el privilegio de tener tiempo para colapsar y reflexionar y... ¡caray! ¡Sí que lo recibí! No sólo he podido reflexionar, sino que también he logrado acceder a las verdades más profundas de mi propia vida como nunca antes. Había estado muy ocupada viviendo en un laberinto que me alejaba cada vez más y más de mi verdadero yo. Una parte de mí estaba molesta conmigo misma por no estar consciente de aquello en lo que mi vida se había convertido y por haber esperado tanto tiempo para hacer un cambio. La otra parte estaba agradecida de que, cuando menos, ya me estaba dando cuenta de todas esas cosas. Y al único al que tengo que agradecérselo es a ti. Desearía haberlo sabido hace muchos años, pero reconozco que las epifanías sólo ocurren cuando estamos listas para recibirlas. Y ahora lo estoy; estoy listísima para recibir los mensajes.

Te aseguraste de que los recibiera. Algunos días hubo más introspecciones y respuestas de las que me sentía lista para recibir. Pero luego decidiste lanzar la bomba. Tiraste la casa por la ventana. Fue un chispazo del alma de dimensiones épicas... casi infernales. Ya no había vuelta atrás. Esta vez te oí con total y absoluta claridad. Gracias.

Con amor,
Yo

79

Una vez que eliminas el ruido, las distracciones y los aspectos innecesarios del día, las verdades sobre nosotros mismos, nuestras relaciones y nuestros hábitos se vuelven más claras. En cierto modo, estamos consciente de ellas, pero nos esmeramos para hacerlas a un lado mientras reforzamos nuestro empeño en el negocio de la vida. En otro nivel, aunque estamos consciente de estas verdades, nos aterra enfrentarlas.

Esto hizo que la tercera semana de mi sabático fuera sumamente intrigante. Aunque yo no tenía nada planeado para esa semana, el Universo sí. Mi intención era seguir el ritmo cotidiano de las semanas previas: dejar a mi hija en la escuela, hacer yoga, ir a la cafetería, escribir en mi diario y pintar. ¡Ah, y también planeé ir al cine sola mientras mi hija estaba en la escuela! (No todos los momentos podían ser de reflexión profunda. También había que dedicarle tiempo a la diversión.) En esos días, un amigo de mi esposo llegó de visita y se quedó en casa unas cuantas noches porque iba a la boda de un pariente en la ciudad. Ahora bien, si me lo preguntan, yo diría que estaba ahí para hacer el trabajo del Universo. Es probable que él lo haya sabido o que lo sepa ahora, pero el papel que desempeñó esa semana fue crucial. El Universo lo envió para empujar la roca hacia el otro lado de la colina.

Tengo la firme creencia de que toda la gente llega a nuestra vida con un propósito. Hay una estructura detrás de toda la locura aparentemente aleatoria que tiene lugar en nuestra vida, incluyendo al reparto de personajes que aparece en ella. La aparición del empleado del supermercado que te dedica una gran sonrisa afectuosa y que parece ver más allá de lo aparente en tu mirada el día que estabas desmoralizada y triste no es aleatoria. El novio que forma parte de una retahíla de parejas insulsas que te desilusionan no es aleatorio. El profesor que cree en ti y te infunde la confianza necesaria para dar los siguientes pasos en la vida no es aleatorio.

Por esa razón, la llegada de Dave fue muy significativa. Lo conocí poco después de haber conocido a mi esposo. No estoy muy segura de cuándo fue ni cuánto tiempo había pasado desde que había conocido a mi esposo. Dave visitaba la ciudad una o dos veces al año, y lo veía también en las vacaciones grupales o en las bodas. Acostumbrábamos pasar el rato todos juntos y nos divertíamos mucho.

Ahora bien, antes de que te hagas ideas, esta no es la historia de un romance ilícito ni nada por el estilo. Sé que puede ser decepcionante, y créeme que también para mí lo fue. En vista de todo lo que tuve que enfrentar y manejar más adelante, confieso que habría deseado que un romance decimonónico hubiera sido parte de la ecuación. No porque hubiera querido que ocurriera algo con Dave, sino porque habría sido una historia mucho más digerible o predecible con la que más gente se habría podido identificar, incluyéndome. El papel que desempeñó Dave en mi vida fue mucho más importante que el de un interés romántico. Dave llegó a mi vida para desencadenar una serie de sucesos que catapultaron mi vida y mi despertar espiritual a niveles insospechados.

Cuando mi esposo y yo empezamos a ser novios, era distinto a cualquier hombre con el que yo hubiera salido. Era el alma de todas las fiestas. Le encantaban las discotecas, los bares, las fiestas, la comida y los amigos. Salía de jueves a domingo a explorar nuevos lugares de moda y llevaba consigo a su cuadrilla de unas 20 personas. Sus noches empezaban cuando yo ya estaba lista para irme a dormir. Pasar la velada en casas de amigos o ser el anfitrión de las mismas le brindaba gran alegría. En pocas palabras, para él socializar era un deporte olímpico... y siempre se llevaba la medalla de oro.

Conquistaba a la gente con su conversación interesante, su atractivo físico y su conocimiento amplio sobre casi cualquier tema. En un momento dado lo apodé Google porque no parecía que hubiera un tema del que no pudiera hablar de forma convincente (lo cual no significa que lo que dijera al respecto fuera verdad). Hablaba de forma grandilocuente sobre las cosas que sabía y sobre lo que quería en la vida. Conforme fueron pasando los años en nuestro matrimonio, me di cuenta de que aquello era mucho ruido y pocas nueces. Si bien trabajaba, no había forjado una carrera. Siempre ponía excusas de por qué no había avanzado o de por qué no ganaba más. Siempre estaba buscando la salida fácil, un atajo para hacerse rico en poco tiempo. No le interesaba hacer el esfuerzo necesario para llegar al destino que deseaba alcanzar.

Lo que también descubrí con el tiempo es que necesitaba que lo admiraran. Si no hacía algo que lo pusiera bajo los reflectores, sentía que su valor personal disminuía. Necesitaba tener gente a su alrededor que lo validara y lo hiciera sentir importante. Sus propias inseguridades y falta de confianza lo hacían buscar fuentes externas y, en mi opinión, artificiales de validación que le infundían un falso sentido del ser.

Yo era distinta. Era una mujer tímida, mucho menos social que él, que disfrutaba su tiempo a solas. Me hacía más feliz estar en casa y hacer cosas sencillas. Incluso el hecho de ir sola al cine me divertía. No me emocionaba la idea de ir ni a discotecas ni a bares. Es más probable que me encuentres bebiendo una mimosa junto a la piscina y leyendo un buen libro que en un vestidito de cóctel en una discoteca escandalosa con estrobos y cientos de personas. Aunque nunca vuelva a ir a una discoteca con *punchis-punchis* en la vida, lo habré hecho más veces de las necesarias.

Éramos polos opuestos, lo cual me pareció que estaba bien durante buena parte de nuestra relación. Él era extrovertido. Yo, en cambio, era más bien introvertida. Yo le daba mucha importancia a mi desarrollo profesional; él no era tan aprehensivo sobre su profesión. Lo único que siempre creí era que mi esposo tenía potencial. Si tan sólo se hubiera concentrado y se hubiera comprometido a algo, sin importar lo que fuera, habría sido muy exitoso. Lo que no sabía en ese entonces y que descubrí durante nuestro matrimonio es que, a diferencia de muchos de nosotros, él no tenía (y probablemente nunca tendría) el impulso personal extra de ser una mejor persona, de hacer las cosas mejor y de avanzar en la vida.

Era muy distinto a los hombres con los que había salido antes. Mis exnovios tenían ciertos rasgos en común (bien vestidos, sofisticados, exitosos, trabajadores), y algunos de ellos eran incluso brillantísimos. Eran hombres de mundo, refinados y divertidos. Su confianza en sí mismos era producto de su firmeza, esfuerzo y determinación. Un ejemplo era Sam. Él fue mi primer amor verdadero. Su padre, al igual que el mío, era obrero sindicalizado y trabajaba arduamente en una fábrica de su poblado de origen, a las afueras de Detroit. El señor deseaba que sus hijos tuvieran la mejor educación posible y que llevaran una vida mejor que la suya. Y, al igual que yo, Sam no decepcionó a sus padres. Era un tipo listísimo, experto en tecnología y sumamente diestro. Estudió en escuelas de prestigio, se graduó siempre con honores y le ofrecieron un trabajo extraordinario en Silicon Valley. Después de varios giros providenciales, terminó siendo fundador e inversionista de varias empresas de veloz crecimiento.

La mayoría de mis exnovios eran como Sam: hijos de familias de clase media enfocadas en escalar a nivel social y económico "a la antigüita"; es decir, a través de una educación sólida, de esfuerzo profesional y de avances personales. Lo hacían ver fácil, pero se habían esforzado de forma muy diligente para llegar a donde habían llegado. Definitivamente me atraía un tipo de hombre muy específico.

Por eso siempre me gustó Dave. Tenía todas las cualidades que yo admiraba: era listo, confiado, trabajador y autónomo. Siempre nos llevamos bien. Teníamos intereses, experiencias e historias de vida en común. Era fácil conversar y entablar un vínculo con él. Siempre me pareció atractivo, inteligente e intrigante. Siempre estaba impecable y vestido a la perfección, además de ser un tipo elocuente, leído, viajado y, a pesar de sus múltiples éxitos profesionales, era un tipo con el que me podía identificar. ¿Ya dije que era guapo? Pues era un tipo muy, muy guapo.

Dave se divorció a sus veintitantos. Nunca conocí a su esposa ni supe qué pasó entre ellos. Sólo sabía que era un soltero atractivo que además era un potencial buen pretendiente para mis amigas solteras, así que con frecuencia trataba de buscarle pareja. Pero esos intentos de emparejamiento nunca rindieron muchos frutos. A pesar de que no tenía dificultad para conocer mujeres, había estado soltero casi desde que lo conocí. Por eso no entendía por qué un tipo que parecía tan buen partido seguía solo.

Me emocionaba saber que Dave vendría de visita, pues sabía que nos divertiríamos mucho. Cuando un amigo como Dave llegaba a casa, mi esposo volvía a convertirse en el alma de la fiesta. Se alegraba, se involucraba, hacía chistes y se la pasaba bien. Yo disfrutaba más esa versión de él que al hombre desmotivado e inseguro que se aborrecía y se burlaba de sí mismo al que aguanté durante casi todo nuestro matrimonio.

Mi esposo y yo no nos la pasábamos bien en la vida diaria. El matrimonio se estaba derrumbando bastante rápido, y debo confesar que en realidad nunca fue demasiado bueno. Mi esposo sabía que mi colapso era producto de mi necesidad de sortear cierto tipo de dudas existenciales. Pero creo que lo que no sabía era que algunas de esas dudas lo involucraban a él. No obstante, conforme pasaban los días del sabático, se iba abriendo más la brecha entre nosotros. Conforme me hice más consciente de mis verdades y me sintonicé mejor con las energías que me rodeaban, no sólo me fui interesando menos él, sino que también empecé a estar mucho más consciente de cómo mis comportamientos previos en esa relación me habían llevado al punto exacto en el que necesitaba reevaluarlo todo. Dedicar esos espacios abiertos para reflexionar implicaba empezar a ver mi vida desde un punto de vista distinto. Mucho de lo que estaba viendo me decía a gritos que algo en mi relación con mi esposo tenía que cambiar. No podía soportar estar en un matrimonio en el que, para sobrevivir, debía volverme tan brutalmente insignificante.

La idea de recibir un visitante era emocionante. Sin duda, ayudaría a aliviar algo de la tensión en la casa, cosa que agradecía. Así que, un jueves de finales de junio, mientras mi colapso estaba en todo su apogeo, las nuevas energías se arremolinaban en torno a mi vida y las epifanías y las revelaciones surgían a diestra y siniestra, Dave llegó en auto a la casa, acompañado de un tsunami energético que venía en todo su esplendor destructivo. Desde la ventana del cuarto de mi hija en el segundo piso de la casa, lo vi llegar. Lo vi bajarse del auto despacio, con paso firme. Lo vi abrir la cajuela. Lo vi sacar su maleta y su portatrajes que, sin duda, contenía el traje hecho a la medida y perfectamente planchado que planeaba usar en la boda. Recorrió el breve trecho hasta la puerta y tocó el timbre. Fue como un inmenso gong del Universo que anunciaba que nada volvería a ser lo mismo.

En cuestión de segundos, me arrastró su energía aplastante y emocionante. Iba más allá de la atracción física, aunque siempre me había gustado en cierto modo (era difícil que no me gustara, pues ya dije que era *muy* guapo, ¿verdad?). Era todo aquello que me habían enseñado que debía atraerme: exitoso, inteligente, atractivo y disponible. Pero no era sólo eso, o al menos no en esta ocasión. Cuando entró a la casa, nos saludamos de forma cálida, con el habitual abrazo y beso en la mejilla.

Pero había algo distinto. Fue como si la puerta de la casa se hubiera abierto en medio de una tormenta y hubiera entrado una fuerte ventisca, acompañada de hojarasca, tierra y lluvia. Esa ventisca había traído consigo algo más que a ese hombre de casi 1.80 cm de altura; junto con él irrumpió una oleada energética, magnética. Fue como si Dave estuviera transportando un mensaje traído directamente desde los cielos. En ese instante, el Universo vinculó nuestras energías para mostrarme un nuevo camino. Me envió a esa persona y me la envió en ese momento preciso para demostrarme que la vida podía ser distinta. Él era la representación física de cómo podía ser la vida y de lo que claramente le faltaba a mi existencia en ese momento: un tipo inteligente y exitoso que aparentaba ser afectuoso y tener control de su vida, que se vestía a la perfección, que no escatimaba en halagos, que siempre era gentil y que siempre se alegraba al verme. Creo que mi esposo ni siquiera había sonreído de esa manera el día de nuestra boda.

Me senté un rato con Dave y con mi esposo mientras cenábamos y bebíamos un par de copas, pero ansiaba escabullirme y dejar a los dos amigos disfrutar su velada juntos. Se desvelaron conversando, riendo y bebiendo, como solían hacerlo. Yo necesitaba volver a mi armario, a mi lugar sagrado, a mi santuario. Agarré mi diario, el cual se había llenado bastante de las cosas que había escrito durante mi sabático, encendí la luz y empecé a procesar lo que estaba ocurriendo. Conforme escribía se fue haciendo cada vez más claro aquello que debía entender a partir de la llegada de Dave.

27 de junio de 2017

Hoy sé de la forma más clara posible lo que me falta. Me falta en amor auténtico y profundísimo de una pareja. Y así como sé que no soy la receptora de ese tipo de amor, también sé que no se lo estoy dando ni se lo estoy demostrando a nadie, mucho menos a mi esposo. He estado pensando mucho en el amor últimamente. Que no te amen es una sensación terrible. Cuando te aman de forma incondicional, con todos tus defectos y tus buenos hábitos y hasta los malos, eso te da la confianza, la fuerza y la valentía para enfrentar todo lo que la vida te ponga enfrente. Que te amen tal y como eres también te permite ser la versión más auténtica de ti misma. Por ende, cuando este tipo de amor te falta, la vida parece incompleta. Por fuera, lo tengo todo. Por dentro, el tipo de amor que aquí describo es justo lo que me falta. Y no es culpa de nadie. Sólo es una realidad.

No era coincidencia que Dave hubiera llegado de visita durante mi colapso. Estaba destinado a enseñarme, a mostrarme o a entregarme un mensaje sobre mí misma que no estaba dispuesta a entender por mi cuenta o que no era capaz de hacerlo. Desde mi punto de vista, eso se traducía en que me merecía algo mejor. Me merecía algo mejor que un matrimonio mediocre. Me merecía algo mejor que estar con alguien que no me hacía sentir amada. Me merecía algo mejor que estar con alguien que no me hacía sentir la mejor versión de mí misma. Merecía ser yo misma. Merecía rodearme de gente, situaciones, lugares, sucesos y actividades que permitieran que mi yo más auténtico saliera a relucir y estuviera felizmente visible. Merecía dejar de traicionarme a mí misma, de empequeñecerme para que alguien más se sintiera grandioso. Merecía ser yo misma, la versión más real, verdadera y auténtica de mí misma. Y, sobre todo, merecía sentir. Merecía sentir todas las sensaciones físicas en el cuerpo y todas las emociones en la mente. No necesita fingir que algunas cosas no importaban. Merecía experimentar la vida en su totalidad.

También me di cuenta de que yo era la única responsable de todo eso. Esa era la lección que debía aprender. Yo era la culpable de estar ahí y de cómo me sentía. Debía ser congruente conmigo misma, con mis valores, con mis principios y con la persona que el Universo quería que fuera en este mundo. En ese momento era la persona que aceptaba menos de lo que merecía. Era la que justificaba el comportamiento de su esposo o su falta de cariño y amor. Era la que toleraba situaciones y comportamientos que me hacían menos y me devaluaban. Todo aquello había sido culpa mía.

Escribí en un estado casi de frenesí. El bolígrafo apenas si se separaba del papel. No podía parar. Era como si no fuera yo quien estaba escribiendo. A través de la escritura estaba canalizando a alguien mucho más grande que yo. Mientras en el piso de abajo Dave y mi esposo conversaban, bebían y recordaban anécdotas entre risas, yo escribía y escribía. Y, en ese proceso, se fueron aclarando las cosas. Necesitaba encontrar el camino hacia mi yo más genuino y auténtico. Necesitaba volver a ser yo. Necesitaba juntar la máscara, el disfraz, la casa de muñecas, toda la falsedad, e incinerarlos.

Hola, colega:

Es fácil que olvidemos quiénes somos. No lo hacemos porque queramos. Intentamos aferrarnos a nuestra propia identidad, pero, por alguna razón, los días, los meses y los años empiezan a pasar; en ese proceso, para muchos de nosotros, grandes partes del yo que alguna vez fue importante para nosotros comienzan a desvanecerse. Y recuperar a la persona que somos requiere valentía y paciencia.

Para impulsarme a volver a ser quien era, empecé abrazando el poder de afirmaciones que empiezan diciendo "soy" o "estoy". Es una práctica que aprendí viendo un sermón del pastor y escritor Joel Osteen. Lo que viene después del verbo es aquello a lo que también le das poder. Si digo "soy fuerte", entonces le doy poder a mi fortaleza al reconocer y recibir con brazos abiertos la fuerza que tengo en mi interior. Entre más nos enfocamos en lo que somos o en lo que deseamos ser en mayor medida, más le abrimos la puerta a esa experiencia para que llegue a nuestra vida.

Intenta Esto

Trata de escribir 10 afirmaciones que empiecen diciendo "soy" o "estoy". Después de eso, revisa tu lista cada mañana y repite cada una de esas afirmaciones para tus adentros, despacio y con claridad. Luego, por las noches, intenta agregar una o dos afirmaciones nuevas. He aquí unas cuantas para que empieces: soy amado, soy creativa, estoy esperanzada, soy fuerte, soy único, estoy bendecida. ¿Me explico? Ahora te toca a ti. ¡Inténtalo!

Con amor,
Yo

HOLA, UNIVERSO. SOY YO

SECCIÓN 2: ENTENDERME
(Y CÓMO TÚ TAMBIÉN PUEDES ENTENDERTE)

CAPÍTULO 9

Hola, Universo:

Después de tanta espera y anticipación nerviosa, el colapso terminó. Pasé cinco meses imaginando cómo sería, cómo ocurrirían las cosas. Sin embargo, jamás me pasó por la cabeza que pudiera ser mejor de lo que había imaginado. Es decir, ¿a quién no le gustaría mandar al diablo el trabajo y pasar sus días haciendo yoga, meditando, pintando, escribiendo? Fue un trato buenísimo mientras duró. ¡Ah! Y estoy perfectamente consciente de lo afortunada que fui de tener el privilegio de tomar un mes de descanso del trabajo para tener este colapso programado.

Ahora que termina, me doy cuenta de que no pensé en lo que ocurriría después. Ansiaba mucho estar en el momento del colapso, y experimentarlo, sentir y colapsar a mi manera y no a la de nadie más. Quería ahondar en lo más profundo de mi ser, sentir, entender, reiniciarme, oír mis propias verdades y redefinir cómo debía verse la vida.

Estoy sumamente agradecida por haber tenido el tiempo para hacer precisamente esas cosas. Sin embargo, ahora que acabó, ¿cómo despertaré de este ensueño? ¿Cómo avanzará mi vida a partir de aquí? ¿Cómo puedo dar los pasos necesarios para traducir esas introspecciones en acciones? ¿Cómo creo una vida que sea auténtica y me permita ser la versión más genuina de mí misma?

Es como si hubiera pasado las últimas semanas descargando un software nuevo para mi vida. He visto el demo de cómo funciona, y sé que mejorará mi vida, pero no sé si de verdad tengo el compromiso para reprogramarme por completo para que el software sea funcional. ¿Volveré a mis viejas rutinas, a lo que me resulta familiar y conocido?

Sé que si me ejercito a diario y me comprometo con una nueva dieta, podré cambiar mi cuerpo (todas las dietas y regímenes de ejercicio que he adoptado y abandonado a lo largo de los años lo demuestran). Sé que, si saco todos los instrumentos de limpieza y me pongo manos a la obra, mi casa quedará reluciente de limpia tarde o temprano. Así que lo mismo debería pasar con mi mente, con la forma en que veo el mundo, con la forma en que lo habito, con la forma en que me conduzco, con la forma en que interactúo con otras personas. Está en mis manos cambiarlo todo, ¿cierto? No nací con una disposición fija con la que deba conformarme. Si todo lo demás a nuestro alrededor puede cambiar (incluyendo el clima, la posición de los planetas, las mareas y nuestro cuerpo), entonces no hay razón alguna para que no pueda reprogramar mi mente y cambiar la forma en que experimento mi lugar en el mundo.

Sé que, con tu ayuda, me mostrarás cómo hacerlo. Seguirás golpeando gongs, tirándome pedradas y enviándome las señales en forma de chispazos del alma que necesito para seguir avanzando hacia donde estoy destinada a ir. Me ayudaste a escuchar el mensaje que estaba destinada a escuchar: ser yo misma. Quisiste hacerme creer hasta la médula que no puedo ni debo seguirme traicionando. Y, sobre todo, quisiste hacerme saber que me acompañas. Estoy muy, muy agradecida contigo. No me defraudaré. Voy a cambiar mi vida.

Con amor,

Yo

En aquel asiento de avión, asomada por la ventanilla para ver la costa a nuestros pies, no pude evitar sonreír. Era un típico día californiano, y el asiento de ventanilla que me asignaron para el breve vuelo de Los Ángeles a San Francisco cumplió con mis expectativas. El cielo era de una tonalidad azul majestuosa y mágica. Había unas cuantas nubecillas traviesas, pero colocadas a la perfección, que parecían simples pinceladas blancas en el cielo azul. El avión siguió la curva de la costa a 30,000 pies de altura. Las pictóricas olas del mar se mecían de la forma más rítmica y sensual. También había botes en la costa. No era posible descifrar de qué tipo o tamaño eran, pero alcanzaba a ver el reflejo de sus mástiles destellando en la superficie lisa y elegante del agua. Fue un momento exquisito que el Universo diseñó a la perfección para permitirme absorber todas las experiencias y las introspecciones que obtuve durante mi sabático.

Mientras admiraba la escena en la superficie terrestre, me sobrecogió la alegría. Un mes antes, cuando comenzó mi colapso, habría sido incapaz de percatarme de los detalles de lo que ocurría a mi alrededor. Por lo regular, en esos vuelos siempre llevaba la laptop abierta para trabajar en lo que fuera que alguno de mis clientes requiriera con urgencia. Me entregaba en cuerpo y alma y de forma absoluta a la tarea que tuviera enfrente, sin prestar atención a mi entorno o a lo que ocurría a mi alrededor. Pero no esta vez. Esta vez observé y me deleité con los detalles que veía al otro lado de la ventanilla. Estuve del todo presente en el momento y me inundó una cantidad inmensa de gratitud durante la experiencia.

Me sentí plena. Llena de gratitud, llena de amor y llena de vida porque en ese momento estaba total y completamente presente en cada segundo del vuelo. Estaba regresando de pasar cinco días en Los Ángeles que marcaron el gran final de mi sabático. Asistí a una enorme y divertida boda de mi familia en la que reí, bailé y disfruté cada momento. Mientras me regocijaba en esa diversión, fui la versión más auténtica y maravillosa de mí misma. Me vestí para la ocasión. Elegí accesorios hermosos. Me reí, me puse al día con viejos amigos y con familiares a los que tenía mucho tiempo sin ver, y me involucré; genuinamente me involucré durante esos días. Sentía la energía que giraba a mi alrededor. Sentía el amor que me transmitía el Universo. Escuchaba con muchísima claridad las lecciones que el Universo intentaba enseñarme. Me encantó, hasta el último minuto.

Ese gran final estuvo diseñado a la perfección por el Universo. Fue como una fiesta de bienvenida a mi nueva existencia. La vida no volvería a ser igual. No sólo iba de regreso a casa, a mi trabajo, a mi vida cotidiana. Iba de regreso a una nueva conciencia y al discernimiento de que ahora estaba en comunión con la versión más verdadera de mí misma y de que dicha versión era un regalo que mis preciadas semanas de colapso permitieron que saliera a la luz. Necesitaba embotellar todo ese bienestar mágico para tenerlo cerca. Necesitaba aferrarme a la energía, el amor y las introspecciones que me habían envuelto durante el último mes. Necesitaba aferrarme a estar presente, a ser agradecida, a expresar con claridad lo que necesitaba en la vida. Necesitaba aferrarme a ello tan fuertemente como fuera posible para poder regresar a ese bienestar mágico en momentos de duda, temor o aflicción. Y, siendo sincera, no todo se transformaría por completo nada más porque hubiera tenido un buen mes. Sin embargo, sabía que, si lograba entrar en contacto con ese sentimiento, espolvorear ese mágico polvo de hadas, agitar mi varita mágica y volver al asombro que ese mes trajo consigo, podría lidiar con cualquier cosa que ocurriera después. Al menos albergaba esa esperanza.

Entre más trataba de absorber lo que ese tiempo me brindó, menos quería abandonar el espacio que había despejado para mí misma. No quería dejar atrás las introspecciones, la claridad, las experiencias, el ver lo que estaba destinada a ver y cómo estaba destinada a experimentar la vida. No quería que todo eso se convirtiera en apenas un recuerdo distante de una historia que le contaba a la gente sobre cómo había celebrado mi cumpleaños 40.

Quería que todo eso importara. Quería cambiar y seguir cambiando. Quería avanzar y seguir avanzando. Quería crear la vida que deseaba, de forma apasionada, descarada, deliberada y alegre.

Así empezó todo. Seguí comprometida con la creación deliberada de mi nueva vida. Tomé todas las lecciones aprendidas en el colapso y, mientras canalizaba a mi consejera interna, planeé mantener a la mano el discernimiento obtenido durante el sabático por el resto de mi vida y mi cotidianidad. Planeé hacer una pausa a diario, tomar las técnicas aprendidas durante el retiro silencioso e incorporarlas a mi vida diaria, como ahogar el ruido no viendo televisión, sentarme en silencio con más frecuencia (aunque fuera apenas unos cuantos minutos), meditar al menos una vez al día y salir a la naturaleza aunque fuera a observar un colibrí mientras le daba sorbos a mi café matutino. Planeé seguir llevando un diario. Planeé seguir sintonizándome con los chispazos del alma que aparecían en mi vida cotidiana y usarlos como referencia para transitar mi existencia. Planeé seguir pintando y retener el hermoso sentimiento de dejarme llevar por los lienzos, los pinceles y las pinturas. Planeé comprometerme ferozmente con vivir hasta el último momento, con saber que el Universo abriría nuevas puertas para que, cuando eso ocurriera, yo estuviera en la posición ideal para cruzarlas. Planeé enfocarme en ver las señales, pero también en dejar ir y en dejarme llevar por lo que el Universo me pusiera enfrente.

Planeé permitir que la vida se desarrollara frente a mis ojos, no controlarla, no orquestarla ni mucho menos planear cada minuto. Mi nuevo plan era pensar menos y ser más, soltar al Universo mis deseos más profundos y ver cómo el Universo mágicamente me devolvía todo lo que siempre había soñado. Lo que no sabía era exactamente cómo se materializaría. Sin embargo, gracias a mi colapso programado, me di cuenta de que cada vez me sentía más cómoda con la incertidumbre. Bastaba con estar del todo presente en cada momento del día. Tenía que estar dispuesta a ver los mensajes que me enviaba el Universo. Tenía que creer que era capaz de atraer todo lo que deseara. Si lograba canalizar la energía de mi sabático hacia mis creencias más profundas, podría permitir que todo se desarrollara frente a mis ojos.

Empecé a cambiar la frecuencia de mis vibraciones, el ritmo al cual vivía y la energía que recibía, así como aquello que transmitía al mundo. Aprendí que, al operar desde un lugar de miedo, preocupación, estrés, ansiedad y confusión, la energía que emanaba de mí era de baja intensidad, débil y letárgica. En cambio, si operaba desde un lugar de esperanza, alegría, empoderamiento, compromiso y emoción, la energía que emanaba de mí era intensa, positiva, fuerte y vivaz. Una de estas formas de energía vibra mucho más alto que la otra... y tenía muy claro que prefería la que implicaba cosas buenas.

Es algo que, en teoría, aprendí hace mucho; de niños lo aprendemos cuando nos sentimos alegres, salimos a jugar, pasamos el rato con nuestros amigos, nos aventamos de la resbaladilla, nos subimos a los columpios, comemos helado... La felicidad de esos momentos se irradia como rayos de sol que nos acarician la piel. Nuestra energía es palpitante, sana, extraordinaria. Pero también hay otra cara de la moneda, como el día en el que se te cayó al suelo el pastelillo que tanto ansiabas y mamá se negó a comprarte otro. O el día que te castigaron por dibujar con crayones en la pared o por romper alguna otra regla aparentemente innecesaria o ilógica impuesta por nuestros padres. En días así, nos enojábamos tanto como nuestra mente infantil creía que era posible. De nosotros emanaba furia, berrinches, llanto y pataleos. En esos días nuestras vibraciones energéticas eran bajas y negativas, distintas al tipo de energía con la que nuestros padres, hermanos o cualquier otra persona querría vincularse. A pesar de ser niños, sabíamos que nos sentíamos mejor cuando nos rodeábamos de energía positiva que cuando lo hacíamos de vibras no tan buenas.

Después del colapso programado, lo único que quería hacer a diario era concentrarme en irradiar esas vibraciones de alto nivel. De ese modo, la energía y la vida que deseaba se sentirían atraídas hacia mí y yo hacia ellas. Adoptar esa mentalidad representó una elevación mágica de mi vida cotidiana. Empecé a operar en un plano gozoso y elevado. No se parecía en nada a cualquier cosa que hubiera experimentado jamás.

Hola, colega:

¿Alguna vez has vuelto a casa de tu cafetería favorita y deseado que las buenas vibras del cafecito siguieran activas? Si en algo te pareces a mí, ir a una cafetería local es darse un mini respiro en los días más caóticos. Anhelo que me acompañe por el resto del día la sensación de sentarme en mi mesa de madera favorita y darle sorbitos a un cappuccino cuidadosamente preparado de forma artesanal y decorado con un corazón hecho de espuma por mi barista favorita mientras me reclino y miro hacia la ventana. Sin embargo, diez minutos después de salir de ahí, las extraordinarias vibras del cafecito se disipan y la vida cotidiana empieza a tomar el mando.

No obstante, podemos intentar mantenernos conectados de forma consciente con cualquier sentimiento, emoción o sensación que queramos cultivar más si simplemente nos damos el espacio y el tiempo para alimentarlas.

Dedica un momento a evocar el tipo de sentimientos o sensaciones que querrías que estuvieran más presentes en tu vida. Puede ser cualquier cosa, ya sea la alegría que sientes al sentarte en el jardín a observar las plantas o el amor que sientes cuando arropas a tus hijos por las noches. Ahonda genuinamente en los sentimientos o sensaciones que contribuyen a tu vida, que te hacen sentir bien. Es probable que también hayas identificado qué detona esos sentimientos positivos en tu caso. A continuación, quiero que hagas una pausa y reflexiones acerca de las estrategias para crear de forma activa mayores cantidades de estos sentimientos benéficos. Entre más activamente creemos esos sentimientos, más fácil será permanecer en sintonía con las vibraciones que esos sentimientos producen. Entre más lo hagamos de forma deliberada, más natural nos resultará.

Intenta Esto

Toma una hoja de papel y anota las emociones positivas que quieres experimentar con mayor frecuencia. Junto a cada una de ellas, anota las actividades que las detonan. Observa tu lista con detenimiento. ¿Hay forma de incorporar más de esas actividades que producen sentimientos positivos? ¿Hay forma de realizarlas a diario o quizá unas cuantas veces por semana? Inténtalo durante cinco días y reflexiona cómo te hacen sentir esos cambios. Si en algo te pareces a mí, encontrar aunque sea unos instantes para cultivar más de lo que quieres sentir en la vida diaria hará que experimentes esas emociones con más frecuencia a lo largo del día.

Con amor,
Yo

CAPÍTULO 10

Hola, Universo:

Tengo más que claro que no puedo seguir en este matrimonio. Probablemente lo supe varios años antes de iniciar las sesiones de llanto en el armario. Lo sabía desde antes de mi colapso. Quizá incluso supe que no debía casarme con él desde antes de caminar hacia el altar. Pero nunca lo pude aceptar para mis adentros. Cada vez que esos pensamientos surgían, intentaba trascenderlos lo más rápido posible. Los maquillaba. Evitaba prestarles atención. Era un tema demasiado abrumador como para considerarlo, así que no me lo permitía siquiera. Y, aun si por alguna razón no lo evadía, tampoco me permitía ahondar en él. Me parecía exagerado, impráctico, simple y llanamente difícil. Me convencía de lo contrario y volvía a mi espacio de insatisfacción e infelicidad. Tal vez era una forma de aceptar que, si esa era la vida que había elegido, debía encontrar la forma de sobrellevarla.

Sin embargo, ahora sé a ciencia cierta que necesito liberarme de este matrimonio, y poder afirmarlo es liberador. Hasta antes de mi colapso programado, no podía ver con claridad lo que tenía enfrente. Aunque hubiera destellos de lo infeliz que me hacía, no me permitía rumiarlos durante mucho tiempo.

Pero ya no más.

Ahora bien, ¿de verdad tengo la valentía y las agallas para irme?

Llevamos más de siete años casados. Tenemos una hija. Compartimos un negocio. Compartimos un hogar. Compartimos una vida. No tengo idea de cómo se desmantela todo esto para crear algo nuevo. Lo que sí sé es que, a diferencia de antes, ahora sí me estoy permitiendo considerarlo.

Desde que me casé has estado mostrándome enormes señales de advertencia, pero tomé la decisión consciente y continua de ignorarte. Sin embargo, ahora las veo bien. Ahora sí te escucharé.

Con amor,
Yo

La intención es un objetivo. Es lo que estamos decididos a hacer, aquello que te consume, aquello en lo que enfocas tu atención. Crear tu mejor vida requiere intención. No hay intenciones demasiado grandes, demasiado ambiciosas, demasiado inalcanzables. Si puedes visualizarlo en tu vida, es completa y absolutamente posible materializarlo. Al menos eso decía la torre de libros de espiritualidad sobre mi mesa de noche, y yo lo creía hasta la médula.

Los atletas profesionales nos demuestran que es posible lograr lo que aparenta ser imposible. Ya sean Serena Williams, Michael Jordan o la selección nacional de futbol femenil de Estados Unidos, desde el principio supieron que querían ser los mejores. Querían ganar. Punto final. Dicho de otro modo, tenían una intención clara. Mucho antes de que los descubrieran por su atletismo, sus habilidades y sus fortalezas, empezaron a invertir en su intención. Empezaron a creer hasta la médula que podían ser los mejores. Se notaba en la forma en que caminaban y hablaban, ocupaba su mente a lo largo del día y plagaba sus sueños por las noches. Ese deseo los consumía.

Es una sensación que la gente común como nosotros vislumbra cuando vemos un deporte que nos gusta. Si en algo te pareces a mí, te habrás imaginado siendo un basquetbolista que bota el balón por la cancha, con pocos segundos en el reloj, rodeado de defensas que tienes que driblar, saltas, disparas... ¡y anotas! Escuchas el roce del balón con la red, el rugido del público, el timbre que anuncia el final del partido y tu victoria. Eres el jugador que celebra desenfadadamente, al que sus compañeros de equipo lanzan por los aires para celebrar que les diste la victoria.

Los atletas le prometen a todo el mundo (ya sea su entrenador, sus compañeros de equipo, sus amistades, su familia, sus fanáticos) que serán los mejores en su disciplina. Y van avanzando en su carrera enfocados únicamente en hacer esas cosas que les ayudarán a ganar. Eso implica encontrar el mejor entrenador, dedicar tiempo a ir al gimnasio para estar más fuertes, consumir los alimentos adecuados, entrenar y cualquier otra cosa que sea necesaria para tener mayor resistencia, correr más rápido, saltar más alto, pegarle con más fuerza a la pelota o patear el balón más lejos. Es decir, para ser los mejores.

Cuando esos atletas juegan, sólo se enfocan en que el balón llegue a su destino. No piensan en el restaurante al que irán a cenar después, lo que se pondrán al día siguiente ni en cómo se ven en televisión. Están concentrados en el partido y en ganarlo. Si no se concentran en el partido que están jugando, ¿qué ocurre? Pierden. No se desempeñan al máximo de su capacidad.

Si les funciona a los atletas para llegar al pináculo de su carrera, sin duda también me funcionaría a mí. Sabía que, cuando me enfocaba, obtenía resultados, ya fuera que estudiara para un examen en el que quería sacar una calificación perfecta o me preparara para una entrevista para el trabajo de mis sueños. Si me concentraba y me preparaba en cuerpo y alma, me desempeñaba al máximo de mi capacidad y creía de corazón que lo obtendría, sin duda lo lograba.

En esta ocasión, los cambios que quería hacer eran más grandes. Necesitaba descifrar cómo transformar por completo la vida que llevaba. Necesitaba crear un espacio para vivir la vida al máximo, lo cual requería un compromiso inquebrantable, y al fin me sentía preparada para tenerlo. Debo decir que era casi inquebrantable, pues en los meses siguientes hubo cierto quebrantamiento y confusión, lo cual, por cierto, es completamente normal y esperable.

Entonces decidí rezar. Si bien mi santuario ya estaba en mi habitación, dado que mi esposo empezó a dormir en una habitación separada, pude salir del armario y ampliarlo. Podía poner música reconfortante. Podía prender velas. Podía meditar. Podía leer textos religiosos y espirituales. Podía incluso tener orgullosamente a la vista mis cristales, sin temor a que me descubrieran o me lo cuestionaran. Cree mi propio oasis personal. Todas las noches, en ese oasis, después de que mi hija se durmiera, me sentaba en la cama, unía las palmas de las manos y rezaba. Y en mis plegarias pedía que el Universo me mostrara el camino.

Empecé por tener claras mis intenciones. ¿Cuál era mi objetivo? ¿Qué estaba decidida a hacer? ¿En qué enfocaría mi atención con valentía y de forma consciente y deliberada? La respuesta era darme permiso absoluto de ser mi yo más genuino. Era crear una vida que fuera total y completamente auténtica, y que además me permitiera ser la versión más verdadera de mí misma. Una vida en la que no tuviera que fingir, en la que no me la pasara jugando a la casita, en la que no me hiciera pequeñita ni me restaran valor, en la que no esperara tan poquito de otros. Más bien sería una vida en la que honrara mi hogar interno, mi corazón interno, esa esencia interna que durante todos aquellos años de matrimonio permaneció encerrada en un gabinete cuya llave estaba perdida. También era hora de reconocer que ese matrimonio fallido no era algo que me había ocurrido; yo contribuí a crear una vida, un matrimonio y un hogar que era la antítesis de lo que había conocido o deseado alguna vez. Contribuí a una vida que enmascaraba mis verdaderos sentimientos. Me comporté de formas que me permitían hacerme pequeñita. Acepté desempeñar ese papel en mi matrimonio. No era una situación en la que él fuera el villano y yo la víctima. Para ser mi yo más auténtico, debía reconocerlo y aceptarlo. Aunque no tenía todavía del todo claro cómo se veía la autenticidad, sabía que era lo que necesitaba priorizar en la vida. Ese era el objetivo, la meta final.

Al principio me pareció una intención demasiado grande, demasiado ambiciosa, demasiado abstracta. Parecía imposible de alcanzar y hasta impráctica. ¿No sería más sencillo ponerme la intención de ser delgada o la intención de ir de vacaciones a las Bahamas? Tener una intención encaminada hacia algo tangible o que pudiera obtener con una tarjeta de crédito parecía mucho más práctico que algo tan abstracto como ser auténtica y llevar una vida llena de amor.

Todas esas preguntas me daban vueltas en la cabeza mientras pasaba inconscientemente los canales en la televisión hasta que me topé con Iyanla

Vanzant. Es una oradora motivacional, instructora espiritual y coach de vida que con frecuencia sale en el canal de Oprah, que fue donde me detuve. Oprah la estaba entrevistando. Escuché a Iyanla decir con valentía y la encantadora entonación de una sureña en la iglesia: "Si Dios te dio la visión, también te dará la provisión". Ese momento en el que estaba pasando los canales de forma mecánica se convirtió de pronto en un chispazo del alma. Me enderecé, le subí al volumen y escuché a Oprah y a Iyanla hablar sobre sus creencias espirituales. Era como si dos amigas me estuvieran hablando directamente a mí sobre los conceptos espirituales con los que apenas empezaba a familiarizarme. Era una conversación hecha a mi medida.

Ese chispazo del alma, cortesía de Oprah e Iyanla, me produjo un intenso burbujeo interno. Si podía visualizarlo, podía lograrlo. No hay intenciones demasiado grandes ni fuera de nuestro alcance. Es posible establecer intenciones para casi cualquier cosa. Las posibilidades son infinitas. Sentada ahí, en el sofá, me inundó de pronto un entusiasmo alegre, como si acabara de descubrir un secreto mágico. ¿Quieres una casa en las montañas? Es posible. ¿Quieres que un hombre alto y atractivo te conquiste? Es posible. ¿Quieres que tus problemas financieros desaparezcan? Es posible. Oprah e Iyanla confiaron que esos deseos que las mujeres como yo tenemos miedo de susurrar siquiera deberíamos estarlos gritando a los cuatro vientos. Deberíamos acogerlos. Y, si logramos vislumbrarlos, así sea una pizca de ellos, pueden volverse parte de nuestra realidad, sin importar qué tan descabellados parezcan.

Sólo lograría que mi intención se materializara si lograba zafarme de los confines de mi matrimonio. Y aquello era aterrador, tan aterrador como si un desconocido enmascarado se metiera en medio de la noche por la ventana de tu casa con un machete en la mano.

Aunque ocasionalmente imaginaba cómo sería mi vida fuera de ese matrimonio, en realidad no me permitía considerarlo en su totalidad. Sólo lo pensaba después de alguna discusión con mi esposo, cuando no podía conciliar el sueño, cuando veía a otras parejas abrazándose de forma amorosa, en cenas en las que mi esposo era el alma de la fiesta mientras que yo me quedaba sentada en un rincón e incluso cuando sólo estábamos sentados juntos en la sala, sin decirnos gran cosa. No había un solo aspecto de nuestra relación que pareciera orgánico. Nunca sentí que algo encajara. Ni cuando nos casamos. Ni cuando éramos novios. Ni siquiera el día que caminé hacia el altar. Aun así, me quedé ahí más de siete años y tuve una hermosa hijita. Me había perdido por completo en mi mundo y fingía ser alguien distinto frente a mi esposo para no conmocionar el mundo que ambos habíamos creado.

No estar casada (o, peor aún, estar divorciada) era un estatus que me resultaba aterrador. Yo era producto de una familia nuclear intacta. Mis padres estuvieron casados más de 30 años antes de que mi padre falleciera. Mis padres, mis hermanos y yo vivimos en la misma casa hasta que cada uno de los hijos se fue a estudiar la universidad. Esa era la familia que conocía: Papá nos recogía a diario de la escuela, veía MTV conmigo después de clases (se sabía todas las canciones de hip-hop de moda y hasta las cantaba), Mamá volvía a casa a hacer la cena, y luego veíamos el programa de Peter Jennings y discutíamos las noticias del día juntos. Todas las tardes era la misma rutina, con canciones de MTV diferentes, platillos de cena diferentes, noticias diferentes y presentadores de noticias diferentes. No sólo pasábamos tiempo de calidad en el que reíamos, comíamos y conversábamos, sino que también compartíamos una buena cantidad de tiempo. Éramos una familia muy unida, y eso era maravilloso.

No concebía que mi hija tuviera una infancia distinta a la mía. Sin embargo, también tenía claro que no estaba siendo el caso, sin importar cuánto me estuviera esforzando. Mi hija llegaba a una casa donde su madre estaba exhausta y rebasada, a pesar de intentar siempre dar lo mejor de sí misma; donde su madre se la pasaba pegada a una pantalla, entre videoconferencias y documentos electrónicos. Era una casa donde siempre había tres cenas distintas (la de la hija, la de Mamá y la de Papá) porque nunca nos poníamos de acuerdo en qué ni en cuándo comer. Era una casa en la que los padres estaban tan desencantados el uno con el otro que apenas si se dirigían la palabra y prácticamente sólo se comunicaban a través de su hija. Por ejemplo, yo le decía a mi hija "Mi amor, dile a Papi que mañana tenemos una cita para jugar con tus amiguitos" o "Dile a Papi que Mami llegará tarde mañana a casa", a pesar de que mi esposo estaba en el mismo espacio que nosotras.

Yo, en cambio, crecí con padres que se amaban mutuamente. Cada vez que Mamá entraba a una habitación, a Papá le brillaban los ojos. Mis padres eran el epítome de un equipo, de una máquina que trabajaba en perfecta sincronía. Siempre era así, en las buenas y en las muy malas. Expresaban su amor con ímpetu, tanto entre ellos como hacia nosotros. Sentíamos hasta la médula ese amor que se profesaban y nos profesaban. Incluso si discutían, lo olvidaban al poco rato. No había culpas ni rencores. No tardaban en volver a llevar su vida con amor. Ese amor le inyectaba a nuestro hogar una atmósfera de confianza, seguridad y libertad de ser quienes éramos y de vivir de la mejor forma posible. Emanaba de las paredes, de los muebles, de los techos. Todo el mundo lo sentía al entrar a nuestro hogar. Algo mágico ocurría al interior de esas cuatro paredes.

En mi matrimonio no había nada de eso. Por el contrario: me hacía sentir insegura, incómoda, malquerida y una vil sombra de la persona que alguna vez había sido. Casi todo el tiempo me la pasaba simulando, fingiendo, actuando. Cuando los tres estábamos juntos, la atmósfera del hogar era insulsa. No había magia alguna. Era más bien un lugar denso, sin autenticidad, estático y nada más.

No le compartía mis sueños y aspiraciones con la libertad y el entusiasmo que mostraba mi papá al hablar de esas cosas con mi mamá. No le compartía lo que me había pasado en el día como hacía mi mamá con mi papá tan pronto dejaba caer el bolso tras un largo día de trabajo. No tenía caso. La reacción de mi esposo nunca era la que yo esperaba ni la que me habría gustado.

Por ejemplo, en una ocasión llegué a casa después de un maravilloso día en el trabajo. Había sido una de esas jornadas laborales que sólo se ven en las películas o los programas de televisión, en donde salvas el día haciendo una presentación perfecta frente a un cliente importantísimo. Fue una de esas ocasiones en las que todo el mundo me felicitó después de la junta y reconoció lo valiosa que era para el equipo. Llegué a casa entre nubes. Me sentía extasiada, emocionada, orgullosa... en general, mejor que nunca. Al llegar y ver a mi esposo, anuncié con todo aquel entusiasmo: "¿Sabes algo? Creo que algún día podría ser CEO".

Su respuesta fue una risa sarcástica, acompañada de la frase: "¿Quién diablos querría contratarte como CEO?". Se me revolvió el estómago y los ojos se me llenaron de lágrimas. Entonces, agregó: "No tienes las habilidades necesarias". A continuación, enumeró una serie interminable de rasgos de los que yo carecía, deteniéndose en cada uno como si se estuviera burlando de mí. Fue muy doloroso.

En lugar de permitir que ese tipo de incidentes se repitieran una y otra vez, la dinámica con mi esposo derivó en conversaciones nimias sobre el clima, algún accidente en la carretera o cualquier suceso que saliera en las noticias. El tema de conversación más significativo tenía que ver con la logística del cuidado de nuestra hija (sus horarios de comida o de sueño y la calidad de sus deposiciones). La falta de confianza y de intimidad que era la norma en nuestro matrimonio creó un entorno en el que era imposible compartir cosas con libertad. Para ser sincera, sigo sin entender del todo cómo empezó y por qué nunca cambió.

Si bien no podía reproducir las sensaciones de mi infancia cuando estaba con mi esposo, sin duda lo intentaba al máximo cuando mi hija y yo estábamos solas. Le subía el volumen a la música para que mi hija y yo bailáramos juntas o armaba los caballetes en el jardín para que pintáramos, creáramos, compartiéramos y conversáramos durante horas mientras pintábamos al aire libre. O nos susurrábamos secretos al oído que en general se resumían a decirnos mutuamente "yo te quiero más, más, más" hasta que nos ganara la risa.

Sabía que la crianza de mi hija no se parecía en nada a la mía. Sus padres no interactuaban de forma saludable. La relación con mi esposo y nuestra estructura familiar no se asemejaba en absoluto a lo que yo conocía, además de que no sacaba lo mejor de nosotros mismos. No había un amor profundo, no promovía la confianza, no éramos un equipo, no sentíamos que enfrentábamos juntos la vida ni sentíamos que construíamos algo increíble como una unidad. En vez de eso, éramos tres personas que operaban de forma aislada bajo el mismo techo.

Sabía que esta relación necesitaba cambiar. Sabía casi a ciencia cierta que no enmendaría el rumbo ni mejoraría como por arte de magia. Hacía años había renunciado a la falsa creencia de que las cosas mejorarían, pues le había suplicado varias veces a mi esposo que fuéramos a terapia de pareja, y él siempre se había negado a hacerlo. Lo que ahora anhelaba era la posibilidad de que me extrajeran de los confines de ese matrimonio para permitirme vivir una vida llena de amor. Si de verdad quería volver a ser la versión más auténtica, genuina y trabajada de mí misma, necesitaba librarme de una relación y una vida que me habían pesado muchísimo durante demasiado tiempo.

Hola, colega:

Te ofrezco este espacio como un lugar en el que puedes asentar tu intención. Incluso si nunca antes has planteado una intención o no tienes idea de qué intención plantear, te ofrezco este momento para que lo pienses de forma libre y desenfadada.

Siéntate en un lugar en el que estés rodeada de la naturaleza o en tu sillón favorito en casa. Guarda silencio. Apaga la TV, el iPad, el celular y cualquier otro aparato que pueda timbrar, zumbar o vibrar a tu alrededor. Siéntate contigo mismo en ese espacio apacible durante unos instantes. Si te hace sentir cómodo, tómate la libertad de cerrar los ojos y de inhalar profundo unas cuantas veces.

Una vez que sientas que has bajado la velocidad y has alcanzado un espacio tranquilo y silencioso, hazte la siguiente pregunta: si no tuvieras restricciones o limitaciones, y supieras que vas a triunfar, ¿qué paso darías en este instante de tu vida? Puede ser cualquier cosa. Si supieras que eres capaz de lograr lo que te propones, ¿qué harías?

Sin importar cuál sea el pensamiento que se eleve hasta sobresalir en ese momento de tranquilidad, permítele ser y obsérvalo con curiosidad. No lo juzgues, califiques ni evalúes. En vez de eso, intenta ser inquisitiva. Intenta verlo desde distintas ópticas y contemplarlo a detalle. No temas ahondar en él y en por qué surgió en este momento.

Quizá sea o no tu intención; sin embargo, si le preguntas a tu yo más profundo sobre las intenciones que debes enaltecer y sobre aquello hacia lo cual debes inclinarte, te prometo que surgirá la respuesta.

Experiméntalo con curiosidad.

Con amor,
Yo

CAPÍTULO 11

Hola, Universo:

Más vale que tengas una buena respuesta preparada, porque estoy empezando a entrar en pánico. El colapso programado fue increíble y experimenté muchas introspecciones que fueron fantásticas en general, pero... ¡Ay! ¡Siento que esta intención es demasiado grande! ¿Quién soy yo para tener una intención tan grande? ¿Quién soy yo para creer que esto puede ser real? ¿Qué carámbanos estoy pensando? ¿Por qué se me ocurrió siquiera? Incluso si pudiera materializarse, ¿en serio es lo que quiero?

En este momento, estoy enloquecida por el miedo. Abrumada. Simplemente no sé qué hacer. Lloro. Siento una tristeza profunda. Me siento muy poco preparada para tomar el timón del barco y llevarlo a buen puerto. Cuando el miedo me domina, intento recordar las enseñanzas y las introspecciones que experimenté durante mi colapso. Sé que meditar, llevar un diario, pintar y hacer yoga se volvieron herramientas que me ayudaron a enfrentar las ocasiones en las que sentía que no podía o no debía creer en mí misma.

Cuando el miedo cede lo suficiente como para permitirme pensar con claridad, comprendo que cambiar mi vida no es poca cosa. Desarraigar todo lo que sé sobre mí misma y sobre mi mundo no es poca cosa. Algo de este calibre resulta desconcertante en cierto nivel. Aun así, si las ansias de cambiar mi vida siguen exigiendo que les preste atención, supongo que, de algún modo, tú me mostrarás qué hacer con ellas. Me guiarás, me orientarás, me llevarás en la dirección correcta para hacerlo realidad, ¿verdad? Estoy haciendo un esfuerzo para no racionalizarlo. Estoy procurando no permitirle a mi lado más práctico que entorpezca esta creación. Estoy intentando atenuar los autocuestionamientos que irrumpen. Mi colapso programado me demostró de las formas más claras posibles que hay un mejor camino y que necesito usar mis preciadas herramientas (el diario, el yoga, la meditación, el silencio) para trascender estos miedos y seguir operando desde un plano espiritual más elevado mientras hago a un lado la mente lógica.

Pero es que, ¡ay, Universo! ¿De verdad tiene que ocurrir hoy? Lo estoy intentando, pero estoy muy, muy asustada.

Con amor,
Yo

Es aterrador inclinarte hacia tu intención. Si alguien te dice "es muy natural" o "no me costó trabajo", mírale la nariz porque seguramente le estará creciendo como a Pinocho. Permitirte soñar y creer en una vida muy distinta no es cosa fácil. Es aterrador con "A" mayúscula, subrayado, con negritas y triple signo de exclamación. Para algunas personas, el simple hecho de formular en nuestra mente una visión o intención que describa lo que queremos para nosotros mismos resulta aterrador. Si encima le agregamos que esa visión o intención tiene el potencial de volverse nuestra vida real... eso lo vuelve profundamente aterrador.

Es aterrador porque te preguntarás con frecuencia y en voz alta si mereces aquello a lo que aspiras. ¿Te mereces lo que deseas? ¡Lamento arruinarte la sorpresa! ¡Mereces plenamente y por completo cualquier cosa que te imagines! Si puedes verlo, aunque sea apenas un destello, habrás recibido esa visión porque es algo que mereces. ¡Mereces al 100% absolutamente todo aquello que vislumbres para ti y para tu vida!

Más aterrador que preguntarte si mereces las cosas no es tener la duda de qué *podría* pasar, sino la de qué *harías* si ocurriera. Significa que la vida como la conoces cambiaría de forma radical. Y eso es justamente lo que ocurrirá. Se transformará. La vida te traerá mejores circunstancias, situaciones o gente que desees y que mereces. Y todo porque vislumbraste una nueva forma de ser, enunciaste tu intención y pasaste tiempo creyendo que podía materializarse. Lo que deseas prevalecerá. Imagínalo. Imagina que la intención o la visión que concebiste para ti mismo es tu realidad.

Es aterrador porque ya sabes qué necesitas para ser infeliz. Llevas mucho tiempo viviendo en ese lugar de infelicidad. Lo conoces bien. Sabes cómo vivir a ese ritmo infeliz. Te resulta familiar. Por alguna extraña razón, te sientes más cómoda quedándote en ese lugar de infelicidad porque lo conoces de cabo a rabo y sabes cómo sobrevivir en él. Sabes cómo se siente esa infelicidad al despertar y al sobrellevar el día. Sabes cómo se siente por las noches, cuando te vas a acostar. Ser infeliz y vivir en ese espacio es parte de ti. Y, aunque en cierto modo te desagrade, lo odies, lo desprecies, te sientas abrumada por ella, es lo que conoces, lo que te resulta familiar. Es difícil deslindarse de lo que nos resulta cómodo y familiar, sin importar qué tan terrible o tóxico sea ese lugar tan conocido.

Sin duda, ese era mi caso. Por un lado, era emocionante imaginarme llevando una vida auténtica y llena de amor. ¡Anótenme! Suena fantástico. ¡Quiero un boleto en primera fila, por favor! Por otro lado, era aterrador imaginar cómo desarraigarme de la vida que estaba llevando para experimentar aquel futuro. Era aterrador suponer que, sin duda, tendría que poner de cabeza la vida que llevaba en ese entonces para permitir que esa nueva vida pudiera materializarse.

Había vislumbrado fragmentos de esa nueva vida. Por las noches, mientras mi esposo se servía un whiskey y me ofrecía una copa de vino, la conversación se encaminaba hacia la logística de la vida, que era mi tema menos favorito del mundo: "Oye, hay que pagar esta cuenta. ¿Transfieres el dinero a la cuenta conjunta?" O: "¿Te fijaste que el recibo de la luz está carísimo? Hay que dejar de usar tanto el aire acondicionado". Detestaba esas conversaciones. Me hacían sentir que no había nada más allá de la logística. Sé que es indispensable, pero debía haber otros temas de conversación además de los gastos del hogar. Nunca hablábamos de nuestros sueños y aspiraciones. ¡Caray, ni siquiera hablábamos de política o de lo que había ocurrido ese día! Mucho menos hablábamos sobre la importancia de vivir la versión más auténtica y genuina de nuestra vida.

Era durante estas conversaciones cuasi insignificantes que cerraba los ojos y me transportaba mentalmente a una conversación más dinámica, divertida, atractiva e interesante con un novio imaginario. Me permitía soñar despierta con lo que deseaba que ocurriera en mi vida. Me imaginaba en un lugar en el que, en lugar de sentirme abrumada por la logística de la vida, me sintiera inspirada por una conversación motivadora, interactiva y divertida. Ese era el tipo de conversación que ansiaba tener con mi esposo, pero que jamás habíamos tenido.

Ya no me interesaba lo que a él lo animaba. Ya no me interesaba lo que a él le entretenía. Ya no me interesaba cómo podía él mejorar su vida. Me tenía abatida una relación que no hacía nada de eso por mí. Conforme me perdí a mí misma, perdí interés en él. Por ende, empecé a soñar con una relación nueva, y esa nueva relación imaginaria me hacía sonreír. Me ponía de buenas. Me hacía feliz. Me hacía sentir plena. Empezó a volverse mi intención el materializar esa nueva realidad. Sin embargo, tan pronto la ensoñación me llenaba de alegría, al instante caí de golpe en la Tierra cuando pensaba en todo lo que necesitaría desmantelar, romper y destrozar para que mi vida imaginaria pudiera volverse real.

Si mi intención hubiera sido ganar la lotería y me hubiera ocurrido, sólo me habría causado emoción. Ganar la lotería no parece comprender aspectos negativos, sino que en general es una ocurrencia positiva. Tienes más dinero. Tus temores financieros desaparecen. Puedes renunciar a tu empleo. Puedes despilfarrar en vacaciones a lugares exóticos.

Sin embargo, mi intención era transformar mi vida hasta alcanzar un lugar donde pudiera operar desde el amor y vivir siendo la versión más auténtica de mí misma. ¿Qué significaba eso? Para ser sincera, en el instante en el que tuve esa revelación consciente, no tenía idea de qué significaba. Sólo sabía que estaban surgiendo una serie de palabras que eran chispazos del alma. Bueno, más bien era como un incendio forestal del alma, porque no podía sacármelo de la cabeza. No eran palabras huecas. Estaban rebosantes de significados que yo debía descubrir. Había que desenvolver su contenido y procesarlo para que se convirtiera en mi nueva realidad.

Y crear esa realidad implicaría un gran cambio. Siempre que me permitía pensar en cómo sería o en cuándo ocurriría, el temor se activaba al máximo de su potencia. Me daba una cantidad brutal de miedo poner de cabeza la que hasta entonces había sido mi normalidad para materializar una idea nueva que seguramente también era exagerada, tonta y quizá hasta mala para mí.

El miedo llegaba acompañado de una doble dosis de cuestionamientos personales a los que decidí nombrar "el saboteador". Y es que había incontables momentos en los que hasta le ponía una alfombra roja al saboteador para que entrara a mi casa, cuando en realidad debía cerrar la puerta con triple candado e impedir a toda costa que ese pequeño demonio se me acercara siquiera.

Mi saboteador era básicamente un guardia intimidante, parado con los brazos cruzados en la entrada de la discoteca más popular de la ciudad, que me miraba como diciendo *tú no entras ni en broma*. Era el tipo de guardia que te mira de arriba abajo y te hace preguntarte si acaso elegiste el vestido indicado, si te maquillaste de forma adecuada o si te rizaste el cabello lo suficiente. Mi saboteador me bloqueaba el camino. Era una voz incisiva que me susurraba cosas negativas al oído. Mi saboteador siempre trabajaba horas extra para tergiversar y retorcer escenarios en mi cabeza, y hacerme dudar de mí misma, de mis deseos, de mi vida. No sólo me perforaba los oídos hasta llegar a mi cerebro, sino que, una vez ahí, se arraigaba.

Mi saboteador insistía en que yo era terrible por desear un cambio. *¿Por qué no era feliz, si lo tenía todo? Una casa hermosa, un buen auto, ropa linda, vacaciones costosas, una familia de revista… ¿Qué parte de todo eso no me hacía feliz? ¿Por qué le haría eso a mi hija? ¿En serio quería ser responsable de arruinarle la vida? Mi esposo se conseguiría alguien mejor. Y cambiaría. Siete años es poco tiempo para que la gente cambie. Si le diera más tiempo, en algo mejorarían las cosas. Además, tú también podrías cambiar. Podrías aceptarlo mejor. Podrías cambiar tus expectativas. Podrías ser más linda con sus amigos. Podrías trabajar menos y estar más tiempo en casa para trabajar más en tu matrimonio. O podrías trabajar aún más y estar menos tiempo en casa para no tener que lidiar con él. Podrías bajar*

de peso. Podrías cortarte el cabello. Podrías buscar formas de resultarle atractiva.
Quizá eso ayudaría a cambiar las cosas. ¿Por qué habría de salirme de ese
matrimonio cuando era evidente que aún había cosas que se podían arreglar?

Los autocuestionamientos debían parar. Había pasado mi vida entera
escuchando al saboteador y alimentando mis propias inseguridades, pero
ya no quería seguirlo haciendo. Decidí que, aunque no podía impedirle
hablar (llevaba tanto tiempo ahí que no se iría con facilidad), identificaría el
momento en el que esa voz empezara a hablar y, antes de darle la oportunidad
de atizar el fuego de la duda y del miedo, amablemente le diría que agradecía
su punto de vista, pero que ya no me interesaba escucharlo. Me concentré
en ser consciente de su presencia. Conscientemente empecé a reconocer que
asomaba la cabeza para meter cizaña y hacerme dudar de mí misma. Y le
permitía hablar un ratito. No lo evadía. Dado que había pasado mucho tiempo
en mi vida, sabía que no se esfumaría con un chasquido de dedos, así que
empecé restándole un poco de tiempo bajo los reflectores.

Lo traté como un amigo, como ese tipo de amigo que se la pasa enviándote
incontables mensajes sobre sus problemas, el tipo de amigo al que a veces
necesitas decirle: "Ahorita estoy ocupada, pero ¡sé que tú puedes! ¡Hablamos
al ratito". Todos tenemos un amigo o una amiga así. De la forma más gentil
posible, empecé a reconocer la presencia de mi saboteador y sus palabras, pero
elegí activamente no alimentar sus pensamientos de ninguna manera. De
hecho, hasta le puse nombre. Le llamé Minmi (que era el tipo de dinosaurio
que a mi hija y a mí más nos gustaba y cuyo nombre siempre nos hacía reír
cuando leíamos al respecto en la *Enciclopedia de los dinosaurios*). Cada vez que
Minmi se soltaba a hablar, yo le decía: "Calma, Minmi. Calma. Sé que tienes
mucho que decir, pero, por ahora, te pediré que te portes bien y te sientes un
ratito en este rinconcito. Hoy tengo cosas más importantes que hacer, así que
ya les dedicaré tiempo después a tus inquietudes y a ti". No estoy bromeando.
Eso es literalmente lo que hacía, una y otra vez. Para silenciar a mi saboteador
de forma gentil, reconocía que tenía algo que decir, pero le hacía saber que lo
discutiríamos después.

Era indispensable reconocer la presencia de Minmi. Era indispensable hacerle saber que no era mi intención ignorarlo ni evadirlo. Debía saber que, en efecto, él era parte de mí y de quien yo era. Era la parte de mí que se preocupaba y que respondía ante el miedo. Y todos necesitamos una parte así, en especial en circunstancias que deberían generarnos preocupación o miedo, como cuando caminamos a solas de noche y un par de hombres empiezan a perseguirnos. Eso es preocupante. ¡Muy preocupante! Necesitamos a Minmi en ese momento para que nuestro cerebro sepa descifrar si debe caminar en otra dirección o emprender alguna acción específica para ponernos a salvo.

Los miedos también están bien. Está bien tener miedo cuando vas a tocar una olla caliente. Está bien tener miedo de la olla caliente, pues podría quemarte la mano si la tocas. Esos temores, preocupaciones e inquietudes son importantes en ciertos momentos de la vida, pero no cuando estás intentando crear aquello que es lo mejor para ti. Tampoco cuando los miedos se arraigan tanto que entorpecen tu capacidad de hacer lo que más te conviene. Por ende, decidí de forma deliberada y consciente prestarles menos atención a esas emociones. Cada vez que las dudas, las inquietudes y el miedo se asomaban, y que el saboteador empezaba a hablarme al oído, mi primera estrategia era reconocer su presencia y su voz. Luego, de forma consciente, elegía reservar las emociones que el saboteador atizaba para una ocasión posterior. Activamente me distanciaba de los sentimientos que no quería tener y me acercaba a los que sí quería experimentar.

Así fue como aprendí a controlar mis pensamientos. Empecé a interiorizar la Ley de la Atracción, la cual afirma que obtenemos más de aquello en lo que pensamos. Si podía dedicarle tiempo a pensar en lo que deseaba en la vida, según la Ley de la Atracción, activamente atraería la materialización de esos pensamientos. Si me rodeaba de pensamientos negativos, de dudas sobre mí misma, de la creencia de que no me merecía las cosas… ¿qué crees que ocurriría? Mi mundo crearía más situaciones negativas que promoverían la desconfianza en mí misma y la creencia de que no me merecía algo mejor. Si, en vez de eso, empezaba a pensar más en lo que podía tener, entonces todo lo que podía llegar a tener (las posibilidades, los sueños, las intenciones, las manifestaciones) se materializaría.

Claro que no es tan sencillo como suena ni iba a ocurrir de la noche a la mañana. Dicho eso, si quieres alcanzar esa hermosa visión que tienes para ti mismo, entonces debes distanciarte de forma activa, deliberada y consciente de las historias que todos nos repetimos que crean más negatividad y cierran los espacios en los que podríamos encontrarnos a nosotras mismas.

Hola, colega:

Si en algo te pareces a mí, no importa cuánta confianza personal proyectes ni qué tan bien se vea tu vida a ojos de otros, pues seguirán presentes emociones como la duda, la ansiedad, la preocupación y el miedo. Incluso hay personas para quienes esas emociones resultan paralizantes.

No hay una forma sencilla de deshacerse de ellas, pero eso no significa que debamos alimentarlas. Préstales menos atención. Quizá no desaparezcan por completo, pero, si decides de forma deliberada y consciente dejar de alimentarlos tanto y, en vez de eso, alimentas los pensamientos positivos, podrían gestarse cambios tangibles en tu vida.

Intenta Esto

Cuando te dominen la ansiedad, las inseguridades y los miedos, intenta pedirle al Universo un empujón intuitivo. Crea un espacio sagrado y procura que sea lo más apacible posible. Quizá se te antoje encender una vela, poner música relajante y acomodarte hasta que te sientas del todo cómoda en ese espacio. Siéntate en una silla, o siéntate en flor de loto en el suelo, o recuéstate en tu cama. Procura estar en la posición más cómoda posible. Inhala profundo unas cuantas veces. Pon las manos sobre el vientre y literalmente siente cómo se infla y desinfla con cada inhalación y exhalación. Hazlo durante algunos minutos y procura estar bien presente y consciente de cada respiración. Luego, cuando sientas que has profundizado en el espacio, te invito a conversar con el Universo. Podrías pedirle algo como lo siguiente:

"Universo, estoy abierta a tu orientación y emocionada por recibir lo que me estás dando. Universo, ven conmigo a crear en conjunto la resolución más clara e intuitiva del siguiente paso que debo dar."

Al hacer esta solicitud, imagina que la sueltas al mundo. Imagínala como un globo relleno de helio. Mira cómo se alza al cielo. Haz un esfuerzo por no esperar la respuesta ni preocuparte por no saber cuándo llegará. El trabajo que hiciste al pedir orientación y soltar tu petición al mundo es poderoso por sí solo. Y el Universo responderá en su momento.

Con amor,
Yo

CAPÍTULO 12

Hola, Universo:

Estoy aterrada. Creo que el entusiasmo del colapso programado ya se esfumó por completo, y las realidades de la vida empiezan a asomar la cabeza de nuevo. Es confuso, abrumador y mucho menos disfrutable que el glorioso mes sabático. Simplemente no sé cómo aprovechar todas esas extraordinarias introspecciones y volverlas parte de mi realidad. O sea, una cosa es decir que meditaré a diario, que escribiré, que dedicaré tiempo a estar en silencio y que veré los colibrís en el jardín mientras tomo café... pero otra cosa muy distinta es genuinamente hacerlo en el día a día.

Aunque es EX-TRA-OR-DI-NA-RIO haber recibido tanta sabiduría de tu parte, me aterra no tener la valentía ni el compromiso para ponerla en práctica. Me aterra que la forma en que quiero vivir no funcionará o que me daré por vencida o que me equivocaré en algo mientras intento hacer lo correcto.

Sin embargo, otra parte de mí sabe que llegué hasta aquí porque estaba destinada a hacerlo. Estaba destinada a ver que la vida podía ser distinta. Sé que seguirás ofreciéndome chispazos del alma que me guíen en la dirección adecuada. Sé que basta con que respire profundo, me recline y permita que las introspecciones fluyan.

Con amor,
Yo

Una cosa es darte cuenta de que necesitas volver a tu yo más genuino y auténtico, y otra muy distinta es *volverte* esa persona. Cuando terminó mi colapso programado, una vez que la euforia de cambiar mi vida empezó a menguar, me arrastró una oleada de confusión y una punzada de tristeza al darme cuenta de que necesitaría cambiar los pinceles, el diario y la meditación por mi laptop, las juntas con clientes y las presentaciones de PowerPoint. A pesar de lo mágico que había sido mi sabático, y, aunque su final fue perfecto, mi vida real estaba por comenzar. Ya no tenía la libertad de hacer lo que se me antojara a lo largo del día. Ahora debía intercalar esas cosas entre mis actividades laborales. Debía incorporar los traslados, las juntas, la revisión de documentos y todas las *conversaciones*: con mis clientes, con mi equipo, con gente de la oficina… En el transcurso del último mes, me había acostumbrado a sólo conversar con mi hija, mi esposo, el tipo de la cafetería que recibía mi orden y, ocasionalmente, mi mamá. Estaba volviendo a la rutina regular de la cotidianidad.

Intenté reconfortarme pensando que, incluso si mi colapso hubiera implicado *tirarme en el sofá a comer helado, pasar el fin de semana llorando en mi cama* o hasta *ver Cuando Harry conoció a Sally una y otra vez*, al final habría sentido cierto alivio, pero también confusión con respecto a cómo proceder. A pesar de sentir una inmensa gratitud por haber experimentado ese mes de quietud interna, de reflexión personal y de conciencia plena agudizada, en realidad no sabía cómo se traduciría eso a mi vida cotidiana. Sabía que haría más pausas, escribiría más en mi diario y dedicaría más tiempo a mí misma, pero ¿cómo podía volver a mi yo más auténtico? Y, suponiendo que pudiera hacerlo, ¿cómo cambiaría eso mi vida?

Un día, más o menos una semana después de haber vuelto al trabajo, mientras conducía de regreso a casa en el estacionamiento que era la autopista, presté atención a los conductores de los autos aledaños. El hombre a mi derecha, el del sedán blanco, se veía demacrado, como si estuviera llevando a cuestas una carga financiera o de otro tipo. A la izquierda, la señora de la minivan beige también se veía agotada. Debía estar cansada después de un largo día de trabajo y preocupada de que por culpa del tráfico llegaría tarde a recoger a sus hijos a la guardería. Además, todavía no se le ocurría qué preparar para la cena. O al menos eso me imaginaba que pasaba por su mente. Luego estaba el tipo del auto de atrás, el cual conducía un viejo Honda Civic plateado con las ventanas abajo. Parecía estar gritando algo al teléfono. No sabía qué podía estarle ocurriendo, pero veía gente como él y como los demás a diario: gente cansada, infeliz, aparentemente insatisfecha. Gente que se la pasaba sentada en el tráfico, igual que yo. Pero yo no quería ser una de esas personas que nada más son pasajeras de la vida. Ya no quería estar cansada ni sentirme infeliz e insatisfecha. Podía cambiar mi vida, y eso es justamente lo que haría.

Necesitaba ponerme manos a la obra.

Era hora de convertirme en supermanifestadora. Todas las personas, las situaciones y las circunstancias que surgían en mi vida confirmaban que necesitaba crear la vida que deseaba. Una vida que fuera congruente conmigo misma. Necesitaba reunir todo lo aprendido para lograr materializar esa creación. Como una superheroína que recién se percata de sus superpoderes secretos, estaba a punto de usar todas las herramientas recién adquiridas para manifestar la mejor de todas las vidas posibles.

Pasé el resto del día como si estuviera guardando un secreto, como si supiera alguien que el resto de la gente a mi alrededor ignoraba: que yo misma era capaz de cambiarlo todo. Esa noche, al abrir mi diario, las primeras palabras que escribí fueron:

Julio, 2017

Si antes dudé de mí misma, ya no más. No sólo puedo hacerlo. Lo haré, Universo. Sé que la vida nunca volverá a ser la misma.

La vida me mostró el camino. Era necesario establecer intenciones, creer que esas intenciones podían materializarse, disfrutar largos periodos de silencio para escuchar lo que mi alma quería que escuchara, ver las señales que el Universo me ponía enfrente y perseguir los deseos más profundos de mi corazón para que la vida que quería pudiera ser una realidad. En el camino, necesitaba estar presente en cada momento y agradecerlo. Debía sentir una gratitud inmensa y desbordante por absolutamente todo: por el árbol y sus ramas, la sonrisa de un desconocido, el perro que me hacía detenerme en seco para acariciarlo… y hasta por los días malos, los momentos tristes y las ocasiones en las que terminaba ahogándome en la autocompasión, pues nada de eso desaparecería por el simple hecho de que yo intentara no sentirme así.

Lo más importante era que necesitaba hacerlo de forma deliberada. Sabía que, en cierto modo, el hecho de decirlo en voz alta, de reconocer para mis adentros lo que necesitaba y quería, se sentiría antinatural. Volcarme sobre esas verdades recién descubiertas y creerlas lo suficiente como para que se volvieran realidad también se sentiría antinatural. Se sentiría artificioso, forzado incluso. Sin embargo, si quería llegar a un punto en el que esas prácticas me resultaran naturales, orgánicas y cotidianas, debía empezar a hacerlas.

Para eso necesitaría pequeñas notas adhesivas en la laptop y el espejo del baño. Requeriría apps en el celular que me recordaran a diario que debía hacer una pausa, inhalar profundo unas cuantas veces, ponerme de pie y caminar, reír, brincar, sentirme agradecida. Literalmente tendría que poner recordatorios que me incitaran a realizar todas esas nuevas actividades que sabía que cambiarían mi vida. Y las seguí haciendo hasta que se volvieron parte natural de mi vida.

También me di cuenta de que, para ser supermanifestadora, necesitaba librarme de las ataduras del tiempo y de las inseguridades. El Universo tenía que hacer lo suyo, reacomodar el orden de las cosas para crear lo que estaba destinado a hacer. Para eso, era indispensable que yo tuviera una fe inquebrantable en que lo que estaba destinado a surgir en mi vida aparecería en el momento indicado. No podía forzarlo. Necesitaba permitirle que ocurriera en su momento. Ahora bien, esa forma de pensar es sumamente difícil de reconciliar, sobre todo para alguien como yo que tiene estructurada su vida cotidiana y que organiza hasta el último segundo de su día. ¡Cielos! ¡Si hasta programé mi colapso! ¿Cómo podría reconciliarme con la incertidumbre de no saber en qué momento el Universo me otorgaría lo que le pedí?

Mucho antes de familiarizarme siquiera con algún principio espiritual y años antes de mi colapso programado, quise embarazarme. Ansiaba tanto tener un bebé, lo anhelaba tan intensamente, que estuve dispuesta a cambiar mi vida desde la raíz. Primero lo intentamos de la forma convencional (es decir, entre las sábanas). Al ver que eso no funcionaba, contemplamos otras alternativas: medicamentos, terapias alternativas, inseminación... Mes con mes, esperaba con ansias que mi periodo no llegara, con la ilusión de que en esa ocasión, de que ese mes en particular, mis empeños al fin rindieran frutos. Y, cada vez que mi periodo llegaba, después de múltiples intentos por embarazarme, me sentía devastada, desolada, exhausta, frustrada, desesperada. Hacía al pie de la letra todo lo que se suponía que debía hacer: iba al médico, asistía a mis revisiones, tomaba los medicamentos. Sin embargo, al final del día, la sincronía estaba fuera de mi control. Simple y sencillamente no lograba que ocurriera. No podía. Lo que está destinado a ocurrirnos sucede cuando llega el momento preciso. Hay una fuerza de vida más grande que nosotros que tiene su propia programación, su propio calendario, su propia sincronía. Sin embargo, cuando deseas algo con tantas fuerzas y de forma absoluta, ocurrirá tarde o temprano.

Por medio de esa práctica incansable aprendí que las mejores cosas de la vida ocurren única y exclusivamente cuando están destinadas a ocurrir. No me quedaba más remedio que permitir que las cosas se desarrollaran como estaban destinadas a desarrollarse. De lo contrario, sabotearía todo lo que estaba intentando crear. Debía aceptar que el Universo tenía su propia sincronía. El Universo no sigue nuestra programación de lo creemos que debería ocurrir ni de cuándo debería ocurrir. No podemos acelerar las cosas. Tampoco podemos frenarlas. Sólo hay que seguir creyendo.

Las cosas no sólo no ocurrirán según nuestro propio calendario, sino que tampoco llegarán en el empaque que esperamos. Lo que quiero, lo que es mejor para mí en esta vida, puede no parecerse en absoluto a lo que visualizo. Quizá no venga envuelto tal y como lo imaginé. Sin embargo, si enfoco mi energía y emito las frecuencias de todo aquello que deseo, lo que sueño se materializará de una mejor forma de lo que imaginé. Lo que deseo para mí misma está limitado por lo que soy capaz de ver, saber o experimentar. El Universo, en cambio, no tiene límites.

También aprendí que no puedo cuestionar lo que ocurra. ¿Las cosas cambiarían? ¿Cuándo? ¿Cómo? Tenía que aprender a aceptar que así sería y concebirlo como uno de esos programas de remodelación del hogar en los que la pareja se sale de su casa una semana y los diseñadores reinventan su espacio sin consultarles ni un solo detalle. Al final, la pareja afortunada casi siempre queda fascinada con el resultado final porque es mucho mejor de lo que imaginaba. Y el cómo está destinado a ser un maravilloso misterio hasta el momento mágico de la revelación. Aunque fuera difícil tener una fe inquebrantable y mantenerme distanciada del cómo detrás de los cambios, sabía que debía creer en que se materializarían total y completamente de la forma en la que estaban destinados a hacerlo.

Hola, colega:

¿Te ha pasado que deseas algo tan intensa y profundamente que estás preparada para cambiar tu vida de raíz con tal de que ocurra? Puede ser que quisieras convertirte en una mejor persona para estar a la altura de tu pareja, obtener el trabajo que te catapultaría hacia una carrera extraordinaria o encontrar la casa de tus sueños, en el barrio adecuado y en el distrito escolar ideal para darle lo mejor de lo mejor a tu familia. Sin importar lo que haya sido, la mayoría de las personas hemos tenido algún tipo de deseo que nos hace sentir que no podemos vivir sin él.

Pero, ¿y si te dijera que no necesitas concentrarte en el objeto (es decir, el novio, el trabajo, la casa), sino más bien en la sensación que dicho objeto representa para ti? ¿Qué sentimientos o sensaciones experimentas cuando sientes la presencia de dichos objetos (el novio, el trabajo de ensueño, la casa perfecta) en tu vida? ¿Sientes apoyo y seguridad? ¿Te brinda algún tipo de estabilidad o de amor? ¿Representa el sentimiento de libertad?

En lugar de obsesionarte con la visión de lo que deseas, intenta enfocarte más bien en el sentimiento que dicha visión evoca. Es como escuchar música. La música nos evoca emociones. Sin importar qué género musical prefieras, la música tiene una forma mágica de relajarnos, inspirarnos, transportarnos o simplemente hacernos sentir las emociones hasta la médula. Son esas emociones lo que queremos cultivar con más frecuencia en la vida.

Intenta Esto

Elige una de tus canciones favoritas, una que te haga sentir bien, que te emocione. Tal vez incluso podría ser una canción que te haga querer bailar y subirle al volumen. Permite que la música guíe tus movimientos. Baila, mécete, agítate, brinca. Baila como nunca. Siente la música hasta en lo más recóndito de tu cuerpo. Disfruta la música al 100%. Permítele tomar la batuta.

El bailar con esa energía es justo lo que quieres que tu vida refleje. Quieres que la vida te traiga el mismo tipo de energía, sensaciones, placeres y diversión que experimentas cuando te permites bailarlo todo al ritmo de tu música favorita.

Saber cómo se siente tu intención implica que, cuando surja, sabrás que ha llegado. Quizá no venga contenida en el recipiente que imaginaste, pero la forma en que te hace sentir es la confirmación de que todo lo que deseaste efectivamente se materializó en la vida para ti. Así que súbele al volumen, entrégate a esa sensación y ten la convicción de que, cuando bailes con esa energía, esa energía te retroalimentará en igualdad de intensidad.

Con amor,
Yo

CAPÍTULO 13

Hola, Universo:

Hay incontables ejemplos de ocasiones en las que pensé tanto en algo que se volvió realidad, como cuando me aceptaron en la universidad que era mi primera opción. Desde el primer día en que el que puse un pie en el prístino campus de Scripps College, con sus jardines perfectos y edificios pintorescos, supe que quería estar ahí. A partir de esa primera visita al campus empecé a creer que ese pequeño instituto de artes liberales sería el lugar en donde conocería la magia de la vida universitaria. Cada vez que abría los ojos por las mañanas y justo antes de irme a dormir por las noches, me imaginaba estando ahí. Me imaginaba caminando entre los árboles, sentándome en las acogedoras aulas, yendo a fiestas en el campus. Creía tan firmemente que estudiaría ahí que me entregué a dicha creencia día tras día hasta que recibí la carta de aceptación.

Sin embargo, que me aceptaran en la universidad que más deseaba era distinto a los cambios que estaba intentando hacer en esta ocasión, ¿sabes? En ese entonces, si era una candidata calificada (y tenía las calificaciones adecuadas, el puntaje adecuado en los SAT y la experiencia extracurricular adecuada), me aceptarían. En esta ocasión, aun si hago todo bien, podría fracasar. Quiero creer en mí misma como lo hice en aquel entonces. Necesito creer con fervor que los cambios que quiero hacer ahora, que la vida que quiero llevar y que la forma en la que quiero vivir están al alcance de mi mano.

Sé que es necesario apaciguar las voces internas que me hacen dudar de mí misma. Por favor, sigue infundiéndome el valor que necesito para creer con todo el corazón que puedo lograrlo. Sé que tener fe, que creer en mí misma en cuerpo y alma, abrirá el camino para manifestar una nueva vida en la que podré ser la versión más auténtica de mí misma.

Sígueme impulsando, por favor.

Con amor,

Yo

¿Qué creencias has tenido? Me refiero a ese tipo de creencias ciegas, absolutas e inquebrantables que nadie habría podido desmentir jamás. En mi caso, la última vez que me ocurrió fue con Santa Claus. Mi fe en Santa era absoluta. Desde que tengo uso de memoria y como hasta los siete años, creí en su existencia. Mi entrega era absoluta, al igual que la de mis padres. Aunque Mamá y Papá eran migrantes y provenían de una cultura en donde Santa Claus no tenía el estatus VIP que posee en el mundo occidental, ambos estaban comprometidos a que nuestra crianza infancia fuera como la de los otros niños de la localidad. Teníamos un árbol navideño cubierto de hermosas decoraciones, cuya base estaba rodeada de regalos envueltos a la perfección que abriríamos con muchas ansias cuando llegara la mañana del día de Navidad. Veíamos juntos todos los especiales navideños que pasaban en televisión. Hacíamos fila en el centro comercial para sentarnos en el regazo de Santa y tomarnos una foto con él como los demás niños del barrio. Y conducíamos por la ciudad después de que anochecía para ver las exquisitas decoraciones luminosas de las casas y los edificios elevados. ¡Ay, y ni hablar de lo mucho que a mi familia le gustaba el típico ponche de huevo navideño!

Pero entonces hubo un día, aparentemente de la nada, cuando menos lo esperaba, en el que una de mis primas mayores decidió hacerme la maldad de hacerme saber que Santa Claus no existía. Era la que siempre me obligaba a jugar a las luchitas, a pesar de que ella tenía 9 años y yo, 7. Primero me dio un cabezazo (como suelen hacer los luchadores profesionales cuando toman por sorpresa a sus contrincantes) y luego me tumbó sobre la cama, que era nuestro cuadrilátero improvisado. En ese momento, anunció que Santa no existía. Recuerdo sentir la conmoción y la tristeza que se mezclaron con la confusión y el desconcierto. Fui directo hacia donde estaban mis papás, que estaban bebiendo té felizmente con mis tíos. Jamás olvidaré la cara que pusieron los cuatro cuando se los dije. Todos sonrieron. Es lo que hacen los adultos cuando descubres algo que ellos ya sabían.

¿Cómo era posible que algo en lo que había creído con tanta pasión, con tanta entrega y de forma tan absoluta fuera falso? No existía Santa. No existían los elfos. No había un taller de juguetes en el Polo Norte. No había Rodolfo el reno. Nadie bajaba por la chimenea. Todo había sido una mentira. Los juguetes eran hechos en China, y quien se comía las galletas y se bebía la leche en la víspera de Navidad cuando nos íbamos a dormir era mi papá.

Por esa razón, a la Deepika de 40 años se le dificultaba creer con convicción en sus propias intenciones porque inevitablemente esa situación la remitía a cómo se había sentido su versión infantil con respecto a Santa. A mis 40 años necesitaba creer en mis intenciones de la misma forma en que en mi infancia había creído que Santa iría a mi casa y me dejaría un pony de juguete bajo el árbol. Cuando era niña no tenía miedo. No dudaba. Sabía que me había portado bien, que había sido una niña buena, así que me aferraba al espíritu de la Navidad, al espíritu de la temporada festiva, y creía que recibiría el juguete que tanto deseaba.

Necesitaba reconectarme con esa sensación. No había espacio para el temor de que mis intenciones no se materializaran. No había espacio para tenerle miedo a lo diferente que sería mi vida si se materializaban. No había tiempo para ponerme triste por si acaso mis creencias no se volvían reales.

El problema era que hacía 33 años que había dejado de creer en Santa. La conmoción de la vida cotidiana había ahogado mi capacidad de creer y la había enterrado en las profundidades de mi ser. La realidad era que, después de lo de Santa, hubo incontables ocasiones en las que había pedido, rogado y suplicado que ocurriera algo, incluso arrodillada en un templo, pero no había ocurrido. Aquel exnovio nunca me propuso matrimonio. No me dieron el trabajo que creí que cambiaría todo. Mi amiga enferma no se recuperó y murió en el hospital. La vida tiene la capacidad de aplastarnos, y, cuando lo hace, comenzamos a aceptar las decepciones. La vida empieza entonces a girar en torno a las dificultades.

Aun así, sabía también que había habido incontables ocasiones en las que había creído con fervor… y aquello en lo que creí *ocurrió*. Casi siempre había sido en mi juventud, pero sabía que era posible y que, si se había gestado alguna vez, podía volver a gestarse. Necesitaba albergar esa sensación en mi interior. Necesitaba conectarme con esa magia, esa esperanza, esa creencia. Necesitaba conectarme con la fe inquebrantable que mi versión infantil había tenido en Santa Claus, en el ratón de los dientes y en cualquier otra cosa que hubiera creído de niña. No necesitaba escepticismo. No necesitaba plantear ni responder mil preguntas sobre *lo que podía salir mal*. No necesitaba alcanzar niveles paralizantes de inseguridad personal. Simple y sencillamente necesitaba *creer*. Sin importar lo difícil, imposible o exagerado que pareciera, necesitaba *creer*.

Y luego, un día cualquiera, mi hija y yo salimos a las 8:30 de la mañana, como hacíamos todos los días, para ir a su escuela. Conversamos sobre las trivialidades de siempre, como los pajarillos, los árboles, el automóvil amarillo que pasó junto a nosotras. También cantamos, como hacíamos casi a diario. Primero le dije que cantara bajito, como si estuviera susurrando, y luego tonteamos mucho y bajamos los vidrios y cantamos a todo pulmón. Ambas formas de cantar nos hacían reír sin parar. Era una buena dosis de diversión y risas para iniciar el día.

Cuando llegamos a la escuela, decidí estacionarme en la calle de enfrente, en lugar de meterme al estacionamiento congestionado. Era algo que hacía de forma ocasional, pues era más sencillo irme después e implicaba menos interacciones con los padres impacientes e imprudentes al volante que saturaban el diminuto estacionamiento de la escuela. Al estacionarme junto a la banqueta, mi hija exclamó con la sonrisa más grande y resplandeciente del mundo: "Te lo puse en el cerebro, Mami, ¡y funcionó!"

La miré a través del retrovisor mientras enderezaba el auto y le pregunté: "¿Qué cosa funcionó?" Me daba curiosidad saber qué milagro había logrado con el simple hecho de estacionarme.

"Quería que te estacionaras en la calle para que pasáramos entre los árboles para ir a la escuela, ¡y lo hiciste! ¡Hiciste lo que te puse en el cerebro!"

Sonreí. "¿Me lo pusiste en el cerebro?"

Al bajarse del auto, exclamó: "¡Sí, exacto!" Su voz era victoriosa y estaba rebosante de alegría. Su cerebrito había decidido que quería que me estacionara en la banqueta y también decidió imaginar que trasladaba esa pensamiento de su cerebro al mío. Al verme hacer lo que esperaba que hiciera, ¡sintió que no cabía de emoción!

Ese momento tan simple detonó en mí otro chispazo del ama. Quizá no pueda realizar telepatía real como la que mi hija creía haber hecho, pero sabía que, si uno creía en algo, lo que fuera, y le infundía toda su energía, sin importar si era grande o pequeño, se volvería realidad. Podía incluso ser algo tan pequeño como un lugar de estacionamiento.

La fe es justo eso: tomar aquello que quieres crear en tu vida, la intención que deseas que se materialice, y confiar con todo el corazón no sólo en que puede hacerse realidad, sino también en que en ese instante ya es una realidad. Al principio puede parecer antinatural, como también debió sentirse poco natural al principio el establecer intenciones o hacer uso de tu superpoder para la manifestación. Sin embargo, con el paso del tiempo, una vez que practiques creer en lo que sea que decidas creer, llegará el momento en el que ya no necesites practicar. Se volverá algo natural. Adonde sea que vayas y lo que sea que hagas se alineará con esa creencia, esa visión, esa intención que estás intentando manifestar en tu vida.

¿Y yo qué hice? Literalmente emprendí el camino mientras cambiaba mi mentalidad. Acostumbraba acompañar a mi hija hasta su salón de clases, darle un beso y decirle: "¡Que tengas un día mágico!" Ella me respondía deprisa:

"Que tú también tengas un día mágico, mami". Estaba ansiosa por entrar al aula y alcanzar a sus amigas cuanto antes. Por lo regular, tan pronto ella entraba a clase, yo sacaba el celular de mi bolsillo para averiguar qué correos electrónicos y mensajes de texto me esperaban. Mientras miraba la pantalla, avanzaba los más o menos 200 pasos que separaban la escuela de la cafetería contigua. No le quitaba la mirada de encima ni siquiera mientras esperaba en la fila para pedir mi café (al llegar a la caja, alzaba de prisa la cara, pagaba e intercambiaba un par de palabras con la barista) y en lo que esperaba a que mi bebida estuviera lista.

Sin embargo, a partir de ese día, hice un cambio poderoso en esa rutina matutina. En lugar de mirar el celular durante esos 200 pasos de la escuela a la cafetería, empecé a usar esos 200 pasos para creer. Decidí usar cada uno de ellos para dejar de pensar en el trabajo o las cuestiones personales que tenía pendiente y, en vez de eso, enfocarme en tener fe deliberada. Y no sólo empecé a hacerlo de camino a la cafetería, sino que, en cualquier otro momento del día en el que estuviera usando las neuronas para hacer algo mundano —como lavar platos, cepillarme los dientes, esperar en la fila del supermercado—, conscientemente cambiaba el chip para enfocarme en mis creencias. Al poco tiempo ya no tuve que recordármelo, sino que mis pensamientos cotidianos se vieron reemplazados por esos cambios, lo que implicó que una mayor parte del día estuviera llena de posibilidades para mi propia vida… y eso era muy emocionante.

Empecé a creer que estaba viviendo mi vida más auténtica. Empecé a creer que en cada instante, en cada interacción y en cada conversación ya era la versión más genuina de mí misma. Decidí que así era como empezaría a sentirme a nivel interno. Seria la versión más verdadera de mí misma de forma consciente, activa, deliberada e intencional. Si me obligaba a operar desde ahí, al poco tiempo empezaría a sentirlo, honrarlo y genuinamente habitarlo. Si podía conectarme con esa sensación de fe, esa sensación de saber quién era y quién necesitaba ser, entonces no sólo residiría dentro de mí, sino que lo irradiaría hacia el exterior.

Necesitaba invertir toda mi energía intencional en creer de forma deliberada en lo que quería para mí misma y para mi vida. No sería rápido ni sencillo. No me resultaría natural de inmediato. Requeriría práctica. Sin embargo, si quería transformar mi vida, si quería crear la vida que ya había vislumbrado, debía ponerme manos a la obra. No tenía más alternativa que creer.

Hola, colega:

El simple hecho de que estés leyendo este libro y hayas llegado hasta esta página implica que estás buscando formas de aportarle más a tu vida, ya sea amor, dinero, estabilidad, seguridad, esperanza, pasión, sueños, deseos, fortaleza... Sin importar qué busques aportarle a tu vida, es hora de que creas que todo aquello que deseas no sólo es posible, sino que está listo para desbloquearlo.

La única forma de obtener más de aquello que quieres es creyendo que ya lo tienes. Se trata de no invertir energía en los autocuestionamientos, en la crítica interna o en los problemas que te están consumiendo. En vez de eso, hay que invertirla en lo que sea que deseas manifestar. Se trata de saber qué quieres que pase en tu vida y sentir hasta la médula que ya tienes lo necesario para que sea una realidad.

Intenta Esto

He aquí una forma sencilla de experimentar con esta idea. Quiero que pases el día esperando que alguien te regale una taza de café. Si no quieres que sea café, puede ser otra bebida, que un desconocido te sonría o que encuentres lugar de estacionamiento justo enfrente de tu tienda favorita. Cualquier cosa pequeña y tangible sirve. Quiero que pases el día entero pensando en ese café, esa bebida, esa sonrisa o ese lugar de estacionamiento. Quiero que cierres los ojos y pienses en cómo se sentirá que ese pequeño detalle aparezca mágicamente en tu vida. ¿Cómo te sentirás cuando ocurra? ¿Qué emociones te evoca? Conforme avance el día, repite para tus adentros que aquello que esperas que ocurra en realidad ya ocurrió. Dilo para tus adentros. Escríbelo. Piénsalo una y otra vez.

Ahora bien, quizá no ocurra el mismo día o quizá no ocurra tal y como visualizaste o esperabas que ocurrieras; sin embargo, invierte tu energía en ese pequeño y simple pensamiento para ver si eres capaz de atraerlo. Cuando eso ocurra, disfruta lo asombroso y lo bien que se siente que algo tan simple como un café, una bebida, una sonrisa o un lugar de estacionamiento se materialice en tu mundo.

Si funciona para cosas pequeñas, funcionará también para cosas más grandes.

Con amor,
Yo

CAPÍTULO 14

Hola, Universo:

Últimamente lo he estado reflexionando mucho, y estos diarios han sido una extraordinaria válvula de escape para escribir sobre todo lo que estoy experimentando, sobre las emociones encontradas, sobre las confusiones y las claridades. Tener un lugar en el cual poder expresarme con libertad y sin juicios, y para explorar todos los pensamientos que surgen, ha sido una gran bendición.

Estos diarios me han ayudado a creer en mi vida y mis intenciones. Son mi conducto para manifestar la mejor versión de mi vida. Escribir es muy sanador. Me hace sentir que los deseos más profundos de mi corazón no están flotando en el aire, sino que están aquí, dentro de mí, esperando que los desbloqueé, casi como si ya existieran. Por si eso fuera poco, hace que la idea de creer casi se haya vuelto parte de mi naturaleza. Al principio, cuando escribía sobre lo que deseaba, lo sentía como algo antinatural. Me sentía como un fraude. Pero ahora, entre más escribo, más auténtico se siente. Es una realidad asequible que puede y va a materializarse.

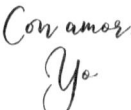

Con amor,
Yo.

Empecé a llevar un diario como a los 12 años. En ese entonces, en los años ochenta, tenía el diario más bonito del mundo, con una portada color azul claro, y en la esquina de cada página, las más hermosas florecitas y maripositas en distintos tonos de rosa. Hasta tenía un candadito que se abría con una llavecita. Ese diario me dio la libertad de escribir mis pensamientos más privados, lo cual era bastante liberador, dado que era la mayor de tres hermanos. Escribir sobre mi habitual angustia preadolescente era mágico. Encontraba lugares tranquilos en la casa, me escondía en el baño o me escabullía al parque, y escribía y escribía. A veces escribía sobre lo mucho que quería cambiarme el nombre. A veces era sobre lo poco que me entendían mis padres. A veces era sobre cualquier trivialidad que hubiera ocurrido en la escuela.

Octubre, 1989

Extraño nuestro antiguo hogar. Mis papás no entienden, pero es que no siento que esta casa sea mi hogar. Extraño a mis amigos de antes. Mi vieja escuela. El barrio en el que vivíamos. ¿Algún día sentiré que este nuevo espacio es mi hogar? Supongo que no.

Escribir era una hermosa válvula de escape que me permitía seguir avanzando y no quedarme atorada en las emociones o los sucesos que en ese entonces me parecían demasiado abrumadores.

Desde entonces he seguido llevando diarios de forma esporádica; sin embargo, en los años anteriores a mi cumpleaños 40, prácticamente no escribí nada. Las partes estresantes de la vida familiar, de la maternidad y de la vida profesional no me dejaban mucho tiempo libre para escribir ni para hacer cualquier otra cosa por mí. Con algo de suerte tenía un ratito para ducharme sin interrupciones. Por ende, encontrar tiempo para escribir habría sido un auténtico lujo en aquella época. Sin embargo, un día, una de mis compañeras del trabajo más queridas se topó con un cuadernito en la tienda de regalos del hotel en donde se hospedó durante sus vacaciones y pensó en mí. Al volver del viaje, me regaló un diario bellísimo que hizo que me inundara la misma sensación que tuve a los 12 años con mi primer diario mientras examinaba la exquisita portada y pasaba las hermosísimas páginas. Ese diario era una obra de arte, y sabía que escribir en él sería mágico. Sin embargo, no tenía idea de lo mágico que sería en realidad ni de cómo las palabras que a la larga lo llenarían terminarían por cambiar el curso de nuestra vida.

Al principio no sabía bien qué escribir, pues tenía años sin ejercer la escritura de forma regular. Había periodos en los que escribía a diario, así fueran pensamientos aleatorios. También tuve un blog durante un año, el cual resultó ser una extraordinaria descarga creativa. Incluso emprendí un par de proyectos literarios que me inspiraron a escribir de forma regular durante algún tiempo. Sin embargo, cada uno de esos episodios de escritura llegaba a mi mundo, permanecía ahí unos cuantos meses o hasta un año, y luego sutilmente daba paso a largas temporadas en las que no escribía nada. Perdía el ritmo de la práctica diaria de la escritura y, cuando eso pasaba, sin darme cuenta sentía un vacío que no lograba reconocer. Ahora me doy cuenta de que el vacío era causado por no escribir y por no volcar en la página todo lo que llevaba dentro. Pero en esta ocasión, con aquel nuevo diario en las manos, no podía *no* escribir. Me sentía impulsada a poner las palabras en el papel, y mi colapso programado parecía la oportunidad ideal para escribir a diario tantas o tan pocas palabras como se me antojara.

El primer día no supe qué escribir y no hice más que mirar la página en blanco durante un rato que se sintió eterno. Al final decidí que, en lugar de seguir mirando la página en blanco, lo más lógico era escribir mi nombre y la fecha. Al menos eso parecía sencillo. Al hacerlo, me llegó la inspiración. ¿Y si cada texto lo formulaba como una carta dirigida a mi hija? Mi colapso programado estaba diseñado para ser trascendental, pues cambiaría nuestra vida de forma significativa. Sería una época que quizá después ella querría entender mejor. Ese periodo de tiempo no sólo tendría un impacto en su vida, sino que las dificultades que yo estaba enfrentando en ese momento podrían ser dificultades que ella también enfrentara en su adultez. Parecía ser el plan de acción más natural, así que eso hice: empecé a escribirle cartas a diario.

Al principio eran cartas formales. Empecé diciéndole por qué estaba escribiendo y contándole sobre su nacimiento y sus amistades. El día de nuestro aniversario, le conté sobre nuestra boda. Los primeros eran textos estoicos que sólo relataban hechos. Más adelante fueron evolucionando y se convirtieron en reflexiones más profundas sobre las emociones, los desafíos, los desengaños y las profundas contemplaciones que consumían mi conciencia. Poco a poco, en lugar de contarle a mi hija sobre nuestro día, las cartas se volvieron una ventana hacia todas aquellas cosas de la vida que yo intentaba descifrar con desesperación. Y algún día, cuando mi hija lea esas entradas de mi diario, verá lo difícil que fue ese periodo de nuestra vida y lo mucho que tuve que enfrentar.

Mi compromiso con escribir en mi diario adquirió una vibra casi ritualista. En las noches, cuando mi hija se dormía y la casa se quedaba en silencio, me retiraba a mi habitación, hacía mis actividades vespertinas habituales (me ponía el pijama, me lavaba la cara y me cepillaba los dientes) y, para prepararme para escribir y conectarme con el universo, empezaba a crear un entorno que diera pauta a mi ritual de cada noche. Prendía velas, encendía incienso, bajaba la intensidad de la luz y decía una plegaria. Unía las manos frente al corazón y les agradecía a los ángeles y a las guías espirituales por esta vida, por todo lo que tenía y disfrutaba, por la familia y los amigos que me impulsaban, por el trabajo que tanto amaba, por todas las cosas grandiosas que llenaban mi vida. Pedía que mis intenciones se materializaran. Las repetía varias veces, como si fueran diminutos mantras, y durante esos minutitos le pedía a mi cuerpo entero que creyera que ya eran una realidad. Les pedía a los dedos de mis pies que lo creyeran; se lo pedía a mis piernas, a mi vientre, a mis hombros, a mis brazos, a mis manos, a mis dedos, a mi cuello, a mi cabeza. Me inundaban sensaciones y cosquilleos. Emitía una energía, una frecuencia, una vibra de creación, de positividad, de conciencia elevada, de amor. Y, mientras la emanaba, me sentía rodeada de los halos de energía amorosa del Universo. Terminaba diciéndole *gracias* tres veces al Universo, y lentamente abría los ojos.

Me acurrucaba en la cama, agarraba el bolígrafo, abría el diario y comenzaba a escribir. No sólo le escribía cartas a mi hija, sino que también intentaba vincularme con la energía que giraba a mi alrededor. Cerraba los ojos y pedía un golpe intuitivo. Literalmente le planteaba una pregunta al Universo y le pedía que me la contestara. Lo que escuchaba en esos momentos lo ponía por escrito. No lo cuestionaba ni intentaba encontrarle sentido. Simplemente permitía que el bolígrafo se moviera y anotara lo que el Universo me estaba enviando, lo que se presentara en ese momento. Ese era el golpe. Una vez que terminaba de liberar las palabras que necesitaban pasar a través de mí para volcarse en la página, la velada llegaba a su fin. Me ponía los audífonos, reproducía sonidos relajantes y dejaba el día atrás. La meditación, las plegarias, los mantras y la escritura eran parte de la cobijita reconfortante que envolvía mi ser mientras dormía. Y permitía que esas visiones y pensamientos se arraigaran en mí y continuaran con su manifestación y su creación de la mejor versión de mi vida mientras dormía e ignoraba gozosamente que el Universo estaba haciendo su trabajo.

La escritura se convirtió en una salida, en la forma de trascender los desalientos cotidianos. Era la forma en que podía salir a la luz lo que llevaba en las profundidades de mi ser: toda la confusión, el dolor, el desengaño y las dificultades maritales que no podía o no me atrevía a expresar. Era un ejercicio para dejarlo fluir todo sobre la página, todo lo que sentía y que ni siquiera sabía que estaba sintiendo. Todo lo que estaba en mi interior encontraba la forma de llegar hasta la punta del bolígrafo y de expresarse en las hermosas páginas del diario a través de palabras, introspecciones, vínculos. Pensamientos a los que nunca les había prestado atención se filtraron hasta el papel y mi espíritu de una forma liberadora y sanadora.

La experiencia no incluía sólo el acto de escribir o el ritual en torno a la escritura. Las palabras en el papel y la liberación de lo que había estado en las profundidades de mi ser le infundieron energía a todo aquello que esperaba poder crear en mi vida. Usé el poder de mis palabras para atraer aquello que deseaba. Y, aunque escribir sobre mis esperanzas, deseos y sueños me parecía poco natural, extraño o hasta incómodo al principio, poco a poco se convirtió en el ritmo natural de mi vida.

Hola, colega:

La forma más sencilla de confiar en mis creencias y manifestar la vida que deseaba era escribiendo. Usé mi diario y el poder de las palabras para entregarme a aquello que deseaba. Quizá haya gente para la cual escribir sea algo natural, mientras que para otras personas puede resultar intimidante. Sin embargo, aprender a dejar de lado los miedos en torno a la escritura de un diario y encontrar la forma de concebirlo como una actividad positiva puede traer consigo beneficios extraordinarios.

Para llevar un diario no es necesario tener una prosa elocuente; plasmar en papel todo aquello que esta revuelto en nuestra mente es una buena forma de desenmarañar los revoltijos mentales y redirigir nuestra atención a aquello que deseamos atraer hacia nuestra vida. Ya sea que escribas hermosos párrafos, oraciones aleatorias o palabras que no tengan mucho sentido, el acto de llevar el bolígrafo al papel te ayudará a avanzar.

Intenta Esto

Empieza por algo pequeño. Toma un cuaderno o una hoja de papel de tu elección. Escribe tu nombre y la fecha. Cierra los ojos y respira profundo tres veces. Relájate y entrégate al momento por completo para comenzar la aventura de llevar un diario.

Sin importar qué traigas dentro, permítele que fluya de forma amorosa hacia el papel. Vierte todo aquello que necesites liberar como si fuera una melodía que sale de tus dedos. Si no fluye nada, empieza tomando nota de los pensamientos que te vengan a la mente. No les des importancia a organizar las palabras ni al estilo. Sólo permite que lo que escuchas o sientes quede plasmado en el papel.

En el caso de algunas personas, las palabras saldrán a borbotones. En otros casos, saldrán a cuentagotas. Cualquiera de las dos cosas está bien. Cuando sientas que ya escribiste todo lo que puedes, guarda el cuaderno. No te preocupes por lo que pueda significar ni intentes encontrarle el sentido. Vuelve al texto después de un tiempo, ya sea horas o días después. Reflexiona sobre lo que escribiste. Entretéjelo. Observa si surge alguna introspección. Y felicítate. Has dado el primer paso de la que espero que sea una práctica sanadora más en tu vida.

Con amor,
Yo

CAPÍTULO 15

Hola, Universo:

En teoría, entiendo que tendría que agradecer todo lo que tengo en la vida. Sin embargo, a veces es muy difícil enfocarme en las cosas buenas cuando hay tanto ruido alrededor. El marido y sus habituales conversaciones irritantes. Los chismes banales de mis amigas. Las llamadas de mi madre para quejarse de los trabajos de paisajismo en su comunidad de retiro. Literalmente el ruido de la construcción que están haciendo al lado. Sí, estoy consciente de que, si no agradezco lo que tengo ahora, es probable (o más bien es un hecho) que no permitirás que se materialice aquello que espero manifestar en mi futuro. Por eso decidí incorporar también la gratitud a mis rituales vespertinos.

A diario escribo tres cosas específicas por las cuales estoy agradecida. No son las cosas de siempre, sino que procuro que sean cosas especiales. Confieso que, cuando necesitas encontrar tres cosas particulares a diario, 1) resulta difícil al principio y 2) te hace repasar tu día entero para encontrar algo que poner por escrito. Curiosamente, esa búsqueda ha generado un hermoso cambio en la forma en que experimento los días. Ahora estoy más consciente y presente a lo largo del día; y, a su vez, eso me hace estar más agradecida. ¡Es un cambio extraordinario!

Y no han sido sólo los diarios. Si en verdad voy a hacer que la gratitud sea parte de mi vida, necesito encontrar varias formas de expresarla. Me compré un frasco y, todos los días, mi hija y yo le echamos una notita en la que escribimos cosas que agradecemos. Lo hemos vuelto parte de la rutina de la tarde, y se ha convertido en una forma maravillosa de experimentar la gratitud juntas.

Te agradezco esta inspiración.

Con amor,
Yo

Siento que la gratitud es la palabra de moda, como lo fue el kale hace un par de años o la quinoa hace varios años más: es algo que la mayoría de las personas desconocíamos hasta ahora, pero que se asentó en la cultura popular como algo que debemos amar y volver parte de nuestra vida. Así como ahora el kale está en todas partes (en las ensaladas, los batidos verdes y hasta las salsas de nuestras pastas favoritas), también lo está la gratitud. Alguna vez había oído la palabra, pero era sólo eso: una palabra. No traía consigo un significado específico y definitivamente no gozaba de la popularidad casi sectaria que tiene en la actualidad. Hoy en día, la gratitud aparece plasmada casi en cualquier taza de café, lápiz o camiseta que veamos en las tiendas. Sin embargo, no la había concebido como algo que necesitara practicar ni como algo en lo que quisiera involucrarme. Era simple y sencillamente una palabra.

En nuestros tiempos, si no participas activamente en la práctica de la gratitud, es casi un hecho que te van a sacar a patadas del club de la espiritualidad. Ningún gurú, chamán o líder espiritual de tu elección te tomará en serio si no has dado el basiquísimo paso de aproximarte a la gratitud. Y, aunque es muy molesto que algo que no debería ser moda se haya vuelto una moda, la gratitud lo amerita. Toda la parafernalia que la promociona no puede estar tan equivocada.

Si buscas la palabra *gratitud* en el diccionario, encontrarás una definición sencilla. Sin embargo, cuando la reflexionas y la incorporas a lo más profundo de tu vida, descubres el poder de algo tan simple. La gratitud es "la cualidad de estar agradecido; prontitud para mostrar aprecio y gentileza". No es una única acción ni una emoción singular. Es la esencia que surge dentro de ti cuando te sientes agradecida, cuando sientes aprecio, cuando emanas gentileza.

Esto se debe a que la gratitud es un peldaño importante en el camino hacia la manifestación de la vida que deseas. Es quizá la primera forma de cambiar nuestra experiencia dentro del Universo. La gratitud nos vincula con todos los momentos, nos mantiene conscientes de lo que está ocurriendo y nos aterriza en el agradecimiento por todo lo que tenemos. Por tanto, amerita ser tendencia en redes sociales. Amerita la importancia que le dan los espiritualistas. Amerita estar de moda. Y, definitivamente, amerita que le dediques tiempo.

Al igual que otras cosas en la vida, me di cuenta de que era necesario practicar la gratitud tanto como lo era practicar yoga o andar en bicicleta. Entre más la practicas, más rutinaria se vuelve. Se vuelve parte de la forma en que te vinculas contigo misma. No es algo que puede uno arrumbar en la cochera cuando deja de estar de moda; es algo que se queda contigo y se vuelve parte de ti.

Empecé a practicar la gratitud con cierta timidez. Apagaba el celular y desactivaba cualquier notificación. Buscaba un lugar apacible en el que no fueran a interrumpirme. Cerraba los ojos y me preguntaba qué quería agradecer ese día. Empezaba poco a poco, haciendo un repaso del día y recordando los sucesos de uno en uno. Recordaba cómo me había sentido al despertar, lo que había desayunado, haber dejado a mi hija en la escuela, haber conducido al trabajo, las conversaciones con mis colegas, comer una ensalada deliciosa, reír con mi madre al teléfono, hacer la cena, jugar con mi hija y arroparla en la noche. Reproducía todos los sucesos del día como una cinta de momentos cruciales o un TikTok. En ese proceso, una o dos experiencias sobresalían y se volvían el eje de atención de mi gratitud. A veces era algo tan sencillo como un bello atardecer o un dibujito que hubiera hecho mi hija en la escuela. Con los ojos cerrados y la respiración regular, me enfocaba en lo que burbujeara en mi interior. Luego reflexionaba sobre ese momento y me concentraba en las emociones que evocaba. Entre más me enfocaba en los sentimientos y las emociones que me generaba ese gesto de gratitud, mayor se volvía mi aprecio por ese momento. No tardé en darme cuenta de que, hasta en los peores días y los peores momentos, siempre, siempre, siempre hay algo a lo cual aferrarse. Siempre hay algo que agradecer.

Para profundizar mi práctica de la gratitud, empecé poniendo un temporizador de dos minutos en el teléfono para ver si podía mantener la sensación de gratitud activa durante ese tiempo. Al pensar intencionadamente en esos momentos de agradecimiento durante un periodo de tiempo definido, a la larga aprendí a sintonizar todos mis sentidos, mis emociones y mi ser en esa sensación de gratitud, y al hacerlo empecé a apreciar hasta la médula muchas de las cosas que me ocurrían en el día.

Al principio, dos minutos parecían una eternidad. Pensar en todas las razones que tenía para estar agradecida por un único momento (como aquel en el que devoré una rebanada de delicioso pastel de chocolate después de la cena) durante dos minutos enteros me parecía prácticamente excesivo. ¿En serio esa rebanada de pastel ameritaba tanta gratitud? Sin embargo, entre más practicaba, más sencillo se volvía. Con el tiempo, dejó de ser necesario poner el temporizador, pues ya era capaz de sintonizarme fácilmente con la gratitud, y no sólo a nivel superficial, sino de forma profunda. Es como hacer abdominales después de varios años de no hacer mucho ejercicio: descubres músculos que no sabías que existían (y, después de una serie de 20, ¡esos músculos empiezan a quejarse!). Algo similar ocurre con la gratitud. Entre más la practicas, más profunda es la gratitud que empiezas a sentir. Cuando pasas el día sabiendo que practicarás la gratitud más tarde, te obligas a experimentar cada momento de forma distinta. Observas de forma un poco distinta el embotellamiento vehicular, a la señora escandalosa en el salón de belleza y hasta la interminable fila del baño en un concierto. Dejas de perder la paciencia. Dejas de sentirte irritado. Simplemente participas del momento y le ves el lado positivo.

Ahora bien, alcanzar ese estado requiere tiempo y práctica. No puedes hacer un extraordinario perro boca abajo si no practicas yoga con regularidad. No puedes recorrer 16 kilómetros en bicicleta si no te subes a la bicicleta y empiezas a pedalear. Todo esto requiere práctica y compromiso, y toma tiempo. Al igual que cualquier otro hábito o habilidad que desees agregar a tu repertorio, la gratitud requiere una práctica concienzuda. Entre más lo hagas, más de los recursos positivos que nos brinda el Universo desbloquearás. Entre más positivo te sientas, entre más aprecies las cosas, entre más agradecida estés, más responderá el Universo a tu vibración y te dará más de lo que buscas.

Hola, colega:

Te invito a pensar en un suceso positivo (puede ser algo grande o pequeño, significativo o aparentemente nimio) que te haya ocurrido hoy. Quiero que te enfoques en el momento que hayas seleccionado y, de forma intencional y deliberada, lo agradezcas. Aprecia dicho momento. Ten conciencia plena de ese momento. ¿Puedes revivirlo de nuevo, y no sólo con los ojos, sino con todos los sentidos? Mientras lo haces, ¿puedes sentir gratitud por ese instante? Es decir, ¿puedes sentir aprecio y amor profundos por ese instante? Cuando lo aprecias, ¿cómo te sientes? ¿Qué surge dentro de ti?

Si en algo te pareces a mí, quizá la práctica intencional y deliberada de la gratitud resalte que en la cotidianidad ocurren varias cosas por las cuales debemos estar agradecidos. Vivimos con anteojeras que nos impiden ver las cosas buenas que nos rodean, las cosas que damos por sentadas, las cosas que pasamos por alto.

Cuando empiezas a practicar la gratitud, descubres lo gloriosos que son todos los momentos del día. Empiezas a ver el día a día con nuevos ojos; y, cuando eso pasa, el día deja de ser una secuencia de cosas que ocurren y se vuelven experiencias por las cuales fluimos.

Inténtalo y observa si puedes convertir la gratitud en parte habitual de tu día.

Con amor,
Yo

CAPÍTULO 16

Hola, Universo:

Crear periodos de silencio en mi vida cotidiana, aunque fueran pequeñitos, empezó a permitirme hacer una pausa, volver a mi centro y mantenerme vinculada conmigo misma. En vez de reaccionar o desquitarme, sentarme en silencio durante unos cuantos instantes al día me enseñó a separar las cosas trascendentes de las nimiedades. Me permitió dejar de reaccionar y empezar a responder. Me dio tiempo para estar atenta a lo que surgiera en mi interior y recibir las preciadas introspecciones que ponías en mi camino consciente.

Aprendí que, al estar en silencio, las respuestas de la vida iban emergiendo poco a poco. Bastaba con generar suficiente sosiego como para oír lo que querías decirme. No necesitaba un psíquico ni una astróloga. Sólo me necesitaba a mí misma y mi conexión con mi propia alma, que es precisamente lo que el silencio nos permite escuchar.

Me encanta cómo se mezclan estas prácticas y generan cambios tan poderosos. Y eso es algo por lo que también estoy muy agradecida.

Con amor,
Yo

El mundo es muy ruidoso. Todos los aparatos que usamos emiten algún sonido, ya sea un pitido, un zumbido, un timbrazo o cualquier otra cosa. Ver las noticias es ruidoso. No sólo tienes que tratar de escuchar lo que dice el presentador, sino que, dependiendo del noticiero, debes escuchar también al equipo de diez o más supuestos especialistas que se interrumpen los unos a los otros mientras intentan explicar por qué ese encabezado debe importarnos. ¡Ah, y todo eso mientras lees la franja inferior en donde se despliegan las otras noticias de las que no están hablando los recién mencionados especialistas! Además, en la esquina superior derecha de la tele, una animación te anuncia cuál es el programa que empezará una vez que termine el noticiero. Es puro ruido. Noticieros, tiendas de conveniencia, cafeterías y hasta consultorios dentales. En todas partes hay zumbidos, pitidos, parloteos y traqueteos. Como sociedad, estamos acostumbrados al ruido. Se ha vuelto normal ir por la vida y existir con ruido de fondo.

¿Y si te dijera que todo ese ruido de fondo no hace más que sofocar tu conexión contigo misma? ¿Y si te dijera que es posible silenciar ese ruido y entrar en sintonía con el silencio que te sintonizará tanto con tu yo auténtico como con el Universo y con todo lo que éste tiene que decirte? ¿Me creerías? ¿Estarías dispuesto a intentarlo?

El silencio no me era poco familiar. Me gustaba sentarme en la cama sin tener que prender la tele. Me gustaba salir a caminar sin audífonos. Me gustaba darle sorbitos a mi café matutino en el jardín trasero. Me gustaban la paz y la tranquilidad siempre que tenía acceso a ellas. Sin embargo, pasar varios días en silencio cuando asistí a mi primer retiro en Silent Stay sí fue una experiencia completamente ajena. Permitir que el silencio me envolviera en aquel entorno tan hermoso, en compañía de los maravillosos guías del retiro, es una experiencia que nunca olvidaré.

En los días más atareados, si cierro los ojos, aunque sea un segundito, puedo prácticamente transportarme allá, sentarme en mi sillón favorito, junto al gran ventanal que daba al jardín. Ahí era donde ocurría la magia. Para empezar, me sentaba y ponía mi diario en la mesita contigua. Cada mesita tenía una pequeña vela y una caja de cerillos junto a un florerito en el que había una flor del jardín. Encendía la vela, me asomaba por la ventana y simplemente estaba presente y me perdía en los momentos que se suscitaban en el exterior, ante la Madre Naturaleza: el colibrí que pasaba volando, el agua de la fuente que fluía gota a gota, las pintorescas flores cuyos pétalos eran admirables hasta de forma individual. En ese momento de contemplación de pronto me sentía inspirada o tenía una introspección. Y entonces abría el diario y empezaba a escribir y a llenar las páginas con la epifanía que acababa de tener.

La profundidad de las introspecciones que tuve al desconectarme del mundo y sintonizarme conmigo misma no tenía precedentes. Volví a Silent Stay un par de veces más, y reconozco que siempre fue una experiencia digna de recordar. Suelo hablar de esas visitas como mi sintonizador espiritual que me permitía reconectarme conmigo misma de forma profunda, revelar un mayor número de capas y dejarme envolver por el silencio. Por desgracia, Silent Stay se quemó durante los incendios forestales que azotaron California en 2020, lo cual ha sido un recordatorio constante de que necesito crear mi propio silencio sagrado en mi vida cotidiana para ahogar el sonido exterior, sentarme en silencio y conectarme conmigo misma durante el mayor tiempo posible, siempre que sea posible. No hay lugar que pueda albergar nuestro silencio; debemos encontrarlo en nuestro interior.

Era fácil hacerlo en el contexto del retiro, pues la experiencia en sí estaba diseñada para que no hubiera ruido. No había televisiones ni celulares. Y sólo había unas seis o siete personas deambulando por las diez hectáreas de terreno. No había ruidos urbanos ni embotellamientos. Sólo se escuchaba el sonido de la naturaleza, nuestra respiración colectiva y el ocasional ruido que hacía mi libro al caer al suelo por accidente.

En casa, crear silencio era mucho más difícil. Paso uno: apagar la televisión. Parece fácil… y, curiosamente, ¡lo es! Mi esposo siempre tenía la tele prendida como ruido de fondo; supongo que era un ruido reconfortante para él, dado que creció en una familia grande. Conforme fui haciendo la transición hacia un entorno más silencioso, dejé de encender la tele o empecé a alejarme del ruido si él la encendía. Y ese es apenas otro ejemplo de la brecha que fue abriéndose entre nosotros.

Con la práctica, aprendí a desconectarme de los ruidos de fondo, ya fueran de la televisión, el microondas o el celular. En los meses posteriores a mi colapso, en lugar de iniciar el día agarrando el celular para descubrir qué nueva tragedia asediaba al mundo o qué correos habían llegado mientras dormía, optaba por dejarlo apagado. Me preparaba el café de la mañana y me salía a tomarlo al pórtico. Me permitía disfrutarlo mientras veía los colibrís y las libélulas y cómo se agitaban las hojas de las plantas del jardín con la brisa, y lo absorbía todo. Llevaba conmigo alguno de mis libros favoritos, lo abría en una página al azar y permitía que las palabras flotaran en el aire silencioso. Permitía que poco a poco se sumergieran en el éter e intentaba no dejarme llevar por algún suceso de la vida. En vez de eso, procuraba estar del todo presente en el instante y permitir que las reconfortantes oleadas de silencio me llenaran antes de que el resto de la casa despertara y fuera necesario enfocarme en las labores maternas.

Mientras tanto, me enfocaba también en observar. Estar presente en un instante cualquiera implica ver, sentir y experimentar el momento. Cuando recién empecé a observar más, lo hacía de forma intencionada y me fijaba en todos los detalles que me rodeaban para ver todo lo que estaba destinada a ver en ese momento. Eso incluía fijarme y *genuinamente* observar cada brizna de pasto y percibir sus distintas tonalidades de verde, su silueta, la manera en que reflejaba la luz, etcétera. *Genuinamente* observaba la florecita que acababa de abrir los pétalos y percibir su silueta, su color, sus cualidades únicas.

Aprendí a observar y a descubrir la profundidad de cada situación, persona y objeto que se atravesara en mi camino: en la fila del supermercado, tras el volante en un embotellamiento, sentada en una junta en la oficina. Empecé a ver las situaciones con más claridad. ¿Por qué? Porque podía inmediatamente sintonizarme con estar del todo presente y ver a cabalidad lo que tenía estaba a simple vista.

La combinación de esos dos elementos (el silencio y la observación) permiten que ocurra la magia. Cuando ahogas el ruido y los sobrantes con los que llenamos la vida, y genuinamente te sientas con el silencio, entonces empiezan a llegar los mensajes o golpes intuitivos. Ahí es donde es más fuerte nuestra conexión con el espíritu, el Universo, Dios, el poder supremo y hasta la parte más interna de nuestro ser. Ahí es cuando recibimos. Para que cualquiera de nuestras prácticas espirituales funcione, debemos estar listos para recibir y crear un espacio para que dicha recepción tenga lugar.

En lo personal, oigo mejor en silencio. Ahí es cuando se activa mi conexión con la divinidad. Ahí me siento conectada, consciente y en profunda sintonía con todo lo que me rodea. Ahí es cuando puedo soltar lentamente el ruido creado por mi mente, el ruido creado por la vida, el ruido creado por el simple hecho de ser humano. Ahí es cuando puedo reconocer que yo no soy todos mis pensamientos, análisis y sentimientos. Sólo soy yo en un cuerpo físico teniendo una experiencia humana. El verdadero YO es el que observa el ruido. El verdadero YO es más grande que el yo físico. El verdadero YO palpita en torno al yo físico con una energía, una profundidad y una sabiduría que es más grande y sustancial que cualquier cosa que el yo físico pueda explicar. Cuando puedo sentarme detrás del ruido, soy capaz de escuchar y recibir.

El silencio también me brinda distancia suficiente para escucharme a mí misma. Y no me refiero al parloteo de la mente ni al exceso de análisis que el cerebro insiste en hacer. Se trata más bien de distanciarme de ese ruido y sumergirme en la conciencia profunda, en una mejor frecuencia para alinearme con lo que tiene que decir el verdadero yo, el yo espiritual, el yo del alma. Literalmente puedo oír hablar a mi alma. Estar inmersa en esta conciencia me ha anclado a mi ser más interno, mi yo espiritual, y menos a los sucesos, las situaciones, las circunstancias, la gente y los objetos del exterior. Ahora estoy anclada al Yo, no al ruido.

Creé una vida que incorporaba tanto silencio y tantos momentos prolongados de soledad como eran posibles teniendo una niña pequeña en casa. Siempre que podía me escabullía hacia el silencio, en especial mientras mi hija dormía por las noches y mi esposo estaba en la planta inferior, viendo la tele. Mi habitación era mi ermita lejos de la ermita.

En esos momentos nocturnos, todas mis prácticas espirituales se conjugaban, y era cuando las descargas del Universo se volvían más claras. Ya había oído al Universo decirme que necesitaba ser la versión más auténtica de mí misma. Ya lo había escuchado decirme que me hacía falta llevar una vida de amor. Esas intenciones, a su vez, me estaban acercando más a mis deseos. Pero luego, una noche, en medio del silencio, recibí el mensaje más claro de todos: *no tenía que hacer nada*. Simplemente ocurriría. No necesitaba ir corriendo a buscar un abogado especialista en divorcios. No necesitaba empacar todas mis cosas y las de mi hija, y salir huyendo. No necesitaba dar cabida a los pensamientos que me inundaban cuando sentía que necesitaba actuar. En vez de eso, sólo necesitaba permanecer en el flujo del Universo, el cual estaba reacomodando las cosas de forma lenta y cuidadosa para permitirme vivir mi nueva vida. Simple y sencillamente tenía que permitir que ocurriera.

Hola, colega:

He oído a algunas personas decir que el mejor momento para reflexionar es en la ducha. ¿Por qué? Quizá porque es el único lugar libre de distracciones y el único sonido que escuchan es el del agua que les moja el cuerpo. Quizá para ti sea mientras conduces o cuando sales a correr por las mañanas. Es esa pequeña ventana en un día por demás ruidoso en el que encuentras silencio. Aunque sea el único momento de soledad que tengas al día, te invito a que lo aproveches.

Intenta Esto

Cuando recién aprendí a tener una conciencia más plena y a estar más presente, una gran sugerencia que me hicieron fue observar cada una de las gotas de agua que te caen en la nariz mientras te duchas. Al principio piensas: "¿Cómo podría hacerlo? Es imposible sentir cada gota por separado cuando me está cayendo tanta agua encima". Sin embargo, si lo intentas sin dudar y sin emitir juicios, empezarás a ver que lo que al principio es un chorro de agua que sale de la regadera no es más que un montón de gotitas y que, si en verdad te esfuerzas (y silencias la mente y observas), podrás sentir muchas de esas gotitas individuales entrando en contacto con tu nariz.

Inténtalo.

Con amor,
Yo

CAPÍTULO 17

Hola, Universo:

¿Cómo pasó esto? Estoy sentada en el armario, temblando, intentando plasmar en el papel los pensamientos enmarañados que me dan vueltas en la cabeza. ¡Mi marido solicitó el divorcio! ¡Leyó mis diarios! ¡Cree que estoy enamorada de su amigo! Lo que acaba de pasar no tiene pies ni cabeza. ¿De verdad ocurrió? No creí que fuera el tipo de persona que husmearía entre mis cosas ni tampoco el tipo de persona que contrataría a un tipo grandote e intimidante para que tocara a la ventana del salón y me entregara los papeles del divorcio siendo que ambos vivimos en la misma casa y yo estaba a solas con mi hija, dándole de desayunar. ¿En serio acaba de ocurrir esto?

Mis bellos diarios, mi fuente de consuelo, el refugio de mis pensamientos, inquietudes, reflexiones y sueños más profundos. Estas palabras sagradas no estaban destinadas a llegar a sus manos. Estas palabras no eran para sus ojos. No estaban ahí para que las malinterpretara por completo. Mucho menos estaban ahí para llegar a una demanda de divorcio. Eran mis reflexiones. Mis creaciones. Mis manifestaciones. Mis pensamientos. Mi colapso plasmado en estas preciadas páginas no era para nadie, mucho menos para él.

Sin embargo, a pesar de la conmoción y la confusión, sigo plantada con firmeza en mi ritmo. En lugar de enojarme, gritar y llorar por haber recibido la demanda de divorcio en el hogar que sigo compartiendo con él, estoy sentada en mi armario, mientras las palabras fluyen en el papel y me doy cuenta de que el Universo decidió emprender acciones para que mi vida avanzara en circunstancias en las que yo estaba siendo incapaz de avanzar por mi cuenta.

Claro que quería cambios. Y sí, sabía que este matrimonio ya no me servía de nada. Pero sólo eran eso: revelaciones. Me faltaba mucho para emprender acciones. Aún no era lo suficientemente valiente, Universo. Pero tú lo fuiste por mí. Tú tomaste el timón. Tú reorganizaste el orden de las cosas para que ocurriera lo que estaba destinado a ocurrir. Aquel golpe intuitivo que recibí hace unas noches, sentada en medio del silencio vespertino, resultó ser una verdad absoluta. ¡No tuve que hacer nada! ¡No tuve que actuar! Tú reacomodaste las cosas para que ocurriera lo que debía ocurrir. Y, aunque mi yo físico no se sentía lo suficientemente valiente, fuerte y seguro como para emprender acciones que encaminaran mi vida de la mejor forma posible, tú descifraste cómo poner en marcha lo que sin duda debía ocurrir para permitirme ser la versión más auténtica de mí misma y llevar una vida llena de amor que comenzará tras liberarme de este matrimonio.

Y te lo agradezco mucho. Estoy asustada, pero, sobre todo, estoy agradecida.

Con amor,
Yo

Nunca creí que ocurriría de esta manera. A pesar de que visualizaba una nueva vida, le pedía al Universo que me mostrara el camino y deseaba que hubiera un cambio, no tenía la menor idea ni percibí la menor sospecha de parte del Universo de que las cosas ocurrirían tal y como ocurrieron. No sabía que mi esposo grababa en secreto mis conversaciones con familiares y amigas cuando no estaba en casa, ni tampoco que leía mis pensamientos más privados, plasmados en mi diario. No sabía que sería él y no yo quien pediría el divorcio. Y jamás me imaginé que se pondría en el papel de víctima, intentaría vengarse y haría que nuestro divorcio fuera la experiencia más difícil y hostil de mi vida.

Lo que sí sabía era que parte de mi práctica espiritual consistía en coexistir con las cosas tal y como eran. Podría haber gritado, llorado, luchado, discutido o aventado algo. Pero, en vez de eso, lo observé con curiosidad. Aspiré a estar por encima del ruido del día. Opté por sentarme a coexistir y a permitirle ser.

Eso no significa que no haya tenido momentos de tristeza, ira y desconcierto. Los tuve y fueron bastantes. Ese es nuestro lado humano, el cual está destinado a salir a relucir porque estamos viviendo una experiencia humana. Sin embargo, descubrí que, entre más profunda era mi práctica espiritual, más arraigada me sentía a algo más grande que yo misma (sea el espíritu, el alma, Dios, la conciencia suprema) y más podía mantener mi propia conciencia profunda, la cual no estaba atada a lo que la gente pensara de mí, al lugar donde vivía o al auto que conducía. Mi conciencia estaba vinculada a la parte más profunda de mí que sabía que, sin importar si él se llevaba la vajilla costosa o el sillón de lujo de la sala o más dinero del que yo creía que merecía, mi identidad, mi vida y yo misma no estábamos atadas a ninguna de esas cosas. Sólo estaba atada a mi conciencia interna, a mi yo interno, a mi santuario interno cuyas raíces eran fuertes y profundas. Tengo la creencia fundamental que esta visión de las cosas creó una fortaleza en mi interior que hasta la fecha me sigue impulsando a avanzar.

Ahora bien, eso no significa que jamás volveremos a reaccionar ni que, cuando estamos en ese reino espiritual, no hay llanto, tristeza, furia ni enojo. Claro que sentimos esas cosas. Esa es nuestra parte humana, y aceptamos que, en este tipo de circunstancias (como cuando tu esposo te pide el divorcio), nos comportaremos como seres humanos.

En mi caso, ese momento se suscitó muy tempranito en la mañana, cuando el tipo grandote e intimidante tocó a la ventana de la sala para entregarme la solicitud de divorcio, mientras yo le daba de desayunar a mi hija. Escuché varios golpes fuertes y sordos contra la ventana. Me levanté de golpe del desayunador, desconcertada. Al otro lado de la ventana, un hombre corpulento y calvo, vestido con chamarra de cuero, me mostró un sobre color manila. Luego volvió a golpear la ventana y gritó: "¡Abra la puerta!". La abrí ligeramente, y entonces el hombre exclamó nuevamente: "¡Ha sido notificada!". Dejó caer el sobre en el pórtico delantero y se fue. Me quedé quieta mientras él caminaba a su auto y se iba conduciendo a toda prisa. Despacio, abrí la puerta y tomé el sobre con ambas manos. No tenía idea de quién querría hacerme una notificación legal ni por qué. A continuación, cerré la puerta con llave y volví a la cocina, mientras aún me retumbaba en los oídos el golpeteo de la ventana. Abrí el sobre y encontré la demanda de divorcio. Me acerqué al desayunador y vi que mi hija estaba asustada. Aunque tenía apenas cuatro años, sabía que algo no andaba bien.

Los espiritualistas hablan de la idea de aceptar las cosas y rendirnos ante ellas. Dicho de otro modo, consiste en que, a nivel interno, no podemos oponernos a las cosas tal y como son. Cuando lloramos, gritamos, golpeamos, nos desquitamos y reaccionamos, nos peleamos a nivel físico con lo que nos está ocurriendo. Es como entrar en una batalla contra las cosas como son: es declararle la guerra a la realidad, a lo que es real y nos está ocurriendo en ese instante. Por el contrario, si aceptamos las cosas como son, le decimos que *sí* al momento tal y como es. No a como quisiéramos que fuera ni a como soñábamos que sería, sino a la forma que tiene en ese preciso instante. Al aceptarlo, a nivel interno experimentas una apertura hacia estar en donde estás. Y coexistir con ese reconocimiento y aceptarlo se convierte, en última instancia, en nuestra liberación.

Si bien es aterrador y desconcertante que te entreguen una demanda de divorcio, lo que sí reconocí casi de inmediato es que *ocurrió*. Fue lo que ocurrió en ese instante. En ese momento, me entregaron la demanda de divorcio. Esa era la realidad. Y, cuando acepté la situación y me rendí ante lo que estaba ocurriendo, fue prácticamente liberador. Me sentí en paz. Sentí una vasta apertura en mi interior y experimenté la sensación de saber que esa era la forma en la que el Universo creaba cosas para que mi vida avanzara. El Universo sabía que, aunque lo que necesitaba era trascender los confines de ese matrimonio, era incapaz de actuar. El miedo me tenía paralizada. No sabía qué hacer ni cómo hacerlo. Y, por eso, el Universo intercedió por mí.

Al aceptar y rendirme ante la forma en que se dieron las cosas, fui capaz de ver en mi interior una dimensión que no dependía de las condiciones externas ni de las emociones y los pensamientos que fluctúan de forma constante. Ya no estaba a merced de las situaciones, las personas, los lugares o los sucesos. Ni siquiera de ese divorcio. No alteraría mi equilibrio. Si bien me haría tambalear un poco, había decidido aceptarlo tal y como era. Usé mis rituales vespertinos para observarlo con curiosidad y me desprendí de la resistencia interna y del impulso aprendido de pelear, controlar y actuar.

No siempre era sencillo. Cuando al fin mi esposo se fue de la casa y mi hija pasó su primera noche lejos del único hogar que había conocido, no me resultó tan sencillo tratar de aceptar las cosas y rendirme ante ellas. Fue abrumador, devastador. Lloré. Me inundó un aletargamiento mientras experimentaba una tristeza profundísima que nunca antes había sentido. No obstante, a pesar de estar en un estado de devastación, acepté el momento tal y como era. Para que pudiéramos avanzar en la vida y vivir fuera de los confines de ese matrimonio, que mi hija tuviera que moverse entre casas sería una realidad desafortunada. No tenía más alternativa que vivir con eso y aceptar lo que me decían otras personas: que los niños son resilientes y que a esa edad se volvería completamente normal tener dos casas pues sería la única realidad que conocería.

Ahora bien, aceptar las cosas y rendirse ante ellas no es lo mismo que darse por vencido. Cuando te diagnostican una enfermedad terrible, te sientes desconcertado, triste, sorprendida y sin saber qué hacer después. Sin embargo, para poder avanzar, debes aceptar que tienes dicha enfermedad. No sirve de nada fingir que la enfermedad no existe ni que el doctor no te dio pésimas noticias. Debes aceptar el diagnóstico tal y como es, aunque eso no significa que debas empezar por hacer tu testamento y los planes para tu funeral. No se trata de aceptarlo y renunciar a seguir viviendo a partir de ese momento. Es probable que el médico te haya dado un plan de tratamiento para combatir la enfermedad, y lo más prudente y mejor para ti es aceptar dicho tratamiento y hacer lo necesario para combatirla. Es decir, aceptas las cosas como son y te rindes ante lo que está ocurriendo en el momento, pero eso no significa que no haya pasos que puedas emprender para sentirte mejor.

Lo mismo pasó con mi divorcio. Aceptar por completo y en su totalidad el momento me llevó a un lugar de mayor paz y me ayudó a ver mi situación con más claridad. Pelear, gritar, desquitarme… eso no me brindaría paz. Tal vez me haría sentir que me había desahogado o sentiría algún tipo de liberación. Sin embargo, descubrí que, para mí, nada de eso era necesario. Para poder estar en paz, necesitaba aceptar las cosas tal como eran, incluyendo los elementos que no me agradaban.

Sólo pude llegar a ese punto a través de la práctica. Practiqué y practiqué y practiqué visualizar mis intenciones. Practiqué y practiqué y practiqué manifestar la vida que deseaba. Practiqué y practiqué y practiqué creer en todo lo que podía vislumbrar para mí y para mi futuro. Practiqué y practiqué y practiqué la gratitud. Practiqué y practiqué y practiqué silenciar la parte de mí misma que dudaba que podría hacer el tipo de cambios que deseaba ver en mi vida. Y practiqué y practiqué y practiqué coexistir con las cosas como eran, aceptarlas y rendirme ante ellas, a sabiendas de que podía mantenerme en el ritmo del Universo y seguir emprendiendo pasos para llegar adonde necesitaba y quería llegar. Practiqué y practiqué y practiqué sentarme con mi conciencia interna y arraigarme a eso más que a cualquier casa, auto, bolso de diseñador u otra posesión, persona o situación externas. Y, a través de tanta práctica, empecé a vibrar más alto y a crear la vida que deseaba.

Hola, colega:

¿Alguna vez has tenido que aceptar una situación que simple y sencillamente no querías aceptar? Por ejemplo, que no te hayan dado un ascenso. Que tu novio no te pidiera matrimonio durante aquellas vacaciones románticas. Que el tratamiento médico que tanto rogaste que funcionara no sirviera y perdieras a un ser muy querido. O, en mi caso, que tu esposo te pidiera el divorcio de una forma inesperada.

En la vida tenemos incontables experiencias así, puesto que somos humanos viviendo experiencias humanas. Sin embargo, cuando la mente nos dice que gritemos, que luchemos, que huyamos, que lloremos, que nos angustiemos profundamente, que golpeemos algo o que nos lastimemos o hiramos a alguien que está cerca, ¿nos sentimos bien? ¿Nos sentimos bajo control? Quizá por un instante la mente nos engaña y nos hace pensar que estas acciones requieren fortaleza. Sin embargo, cuando atamos nuestras acciones a esas emociones, lo que hacemos es vibrar a una frecuencia más baja. Es decir, nos reducimos.

Si queremos elevarnos, debemos estar bien arraigados en nuestro interior. Debemos reestructurarnos para reconocer que las reacciones negativas del exterior no nos ayudan. Para estar alineados con el Universo, a veces necesitamos coexistir con las cosas tal y como son. Algo ocurrió y no podemos cambiarlo. Podemos sentir cosas al respecto, llorar, entristecernos o sentirnos aturdidos. Pero la verdadera profundidad de nuestra práctica proviene de mantenernos alineados con la que sabemos en nuestro interior que es la verdad, de mantenernos alineados con nuestras vibraciones y con la profunda convicción de que algo más grande que nosotros está en marcha. Nos alineamos con ello desde un lugar de aprecio, amor y conciencia interna profunda.

Para hacer este cambio de mentalidad, sugiero recitar el siguiente mantra (o usar este mantra como inspiración para crear el tuyo).

"En este momento, me alzo en fortaleza y acepto por completo todos los aspectos de mi situación, incluyendo cualquier cambio o inspiración que venga a mí."

Puedes usar este mantra durante tus meditaciones, al ejercitarte o mientras conduces. La forma en la que decidas incorporarlo a tu vida depende de ti. Conforme lo repitas, acoge genuinamente cada palabra y su significado. Genuinamente siente la energía que la enunciación de este mantra evoca en tu interior. Y, mientras lo haces, permítete sentir cualquier otra cosa que surja.

Con amor,
Yo

HOLA, UNIVERSO. SOY YO

SECCIÓN 3: AMARME
(Y CÓMO TÚ TAMBIÉN PUEDES AMARTE)

CAPÍTULO 18

Hola, Universo:

Hoy se puso intenso el drama del divorcio. No pude lidiar con el estrés, la tristeza, el estira y afloje. De camino a casa, me estacioné en un 7-Eleven a unas cuadras de casa y me puse a llorar. Me quedé sentada en el auto estacionado y chillé y sollocé como si en eso se me fuera la vida. No podía parar, así que no me detuve. Me estremecía de pies a cabeza. Mi soledad, mi tristeza y el estrés absoluto de lo que estaba ocurriendo salía en cada lágrima, en cada sollozo, en cada aullido.

Universo, ya no puedo más. No puedo lidiar con esto. Haz que se detenga, por favor. ¡Te lo ruego! Si tu intención era quebrarme en el proceso, ¡lo lograste! ¡Felicidades! Estoy dispuesta a aceptar mi situación. He usado todas las herramientas espirituales que tenía en mi arsenal, y aun así siento que todo es terrible. Termina con esto, ¡por favor! ¡POR FAVOOOOR! Estoy segura de que hay una lección de por medio y que de algún modo esto me hará crecer, pero hoy, mientras sollozaba en el auto, no pude ver lección alguna. No entendí qué caso tenía. Estoy exhausta. Te lo ruego. Ya no más.

Jamás me imaginé que el divorcio pudiera ser algo tan contencioso, tan difícil, tan doloroso. No imaginé los retruécanos que implicaría. No imaginé que él leería mis diarios. No imaginé que iniciaría una demanda de divorcio y que luego se negaría a irse de la casa. No imaginé que habría artimañas legales, que no podríamos llegar a acuerdos y que el proceso estaría plagado de resentimientos. Me duele muchísimo el corazón. Son momentos muy dolorosos. Se me rompe el corazón por mi hijita que tiene que vivir todo esto. Se me rompe al pensar en lo que le deparará el futuro y en cómo protegerla. Se me rompe por el miedo a todo lo desconocido que nos rodea. No me queda un gramo de energía para lidiar con tanto dolor. No puedo hacer más que llorar y llorar y llorar y llorar...

¿Algún día mejorarán las cosas? ¿Lograré superar todo esto? ¿Estar en casa se sentirá siempre como vivir en una cámara de tortura? ¿Él se irá algún día de la casa? ¿Volveré a estar en paz?

Sigo confiando en ti, Universo, pero en días así siento que los obstáculos que me pones son insuperables. Sin embargo, al bajar el visor del auto y mirarme en el espejito para intentar que no se me notara demasiado en la cara que llegaba una hora sollozando, pude volver a lo que sé que es verdad. Me has permitido llegar hasta aquí, Universo. Me permitiste ver que la vida puede ser distinta, y quizá esta parte tan caótica es justamente lo que necesito para llegar al otro lado. Pero, por favor, Universo, sigue mostrándome el camino. Dame un poco de esperanza, alguna señal de que las cosas saldrán bien, de que todo mejorará. En días como hoy me cuesta trabajo creerlo. Aun así, lo sigo intentando. Sé que el único camino es hacia adelante, así que seguiré avanzando.

Con amor,
Yo

La vida no deja de ser lo que es cuando aprendemos a meditar, a sentarnos en silencio, a sentir más gratitud. Eso no frena la experiencia humana. Podemos elevar nuestra vibración al invertir energía en esos métodos novedosos y positivos, pero eso no significa que dejaremos de agonizar por el dolor de una relación fallida, que nunca estaremos en un accidente automovilístico o que no tendremos que sobrellevar el trauma de una enfermedad que ponga en riesgo nuestra vida. Tenemos experiencias humanas, y a veces traen consigo frustraciones, fracasos y tragedias. Incluyen cosas que no podemos predecir ni entender. Incluyen cosas que nos abruman y que parecen no tener sentido. Simple y sencillamente es así.

Lo que puede empezar a cambiar conforme avanzamos en nuestro viaje espiritual es la forma en que respondemos a lo que nos ocurre. El drama de mi divorcio duró dos años. Hubo múltiples mediadores, varios grupos de abogados, comparecencias en tribunales, ofertas de conciliación, rechazos y hasta un juicio innecesario y muy costoso que nos hizo despilfarrar el dinero sin razón aparente. Aun así, en ese periodo ocurrió mi mayor crecimiento espiritual en el cual se cristalizaron algunas de las mayores enseñanzas de la vida de las formas más hermosas y en el que los cambios que ocurrieron en mi interior me sorprendieron hasta a mí. El periodo más angustiante de mi vida me llevó a abrir mi energía como nunca antes.

Empecé a ver cambios sutiles en mi vida diaria. En lugar de enojarme o gritar o permitir que en lo más profundo de mí hicieran mella la ira, el resentimiento, el odio o la traición, o que me consumieran y me quitaran el sueño por las noches, decidí responder de forma distinta. No siempre, pero con suficiente frecuencia. Y, cuando lo hacía, era liberador. Todas las herramientas con las que me había equipado elevaban mi vibración. Me aferré a una mejor energía para no dejarme arrastrar por el lodo. A medida que me elevaba más y más hacia la energía buena, me fui conectando con la frecuencia en la que podía llevar una vida que rechazaba los ruidos cotidianos y optaba por sintonizarse con mi yo más auténtico. Permití que esa energía me guiara hacia adelante.

Mi ahora exmarido y yo vivimos en la misma casa durante seis meses antes de que él se mudara. Fue una temporada contenciosa en la que inició la demanda de divorcio y se negó a irse de la casa. Desde antes dormíamos en habitaciones separadas, lo cual empezó meses antes de que iniciara el trámite de divorcio. El principal cambio fue que dejamos de dirigirnos la palabra, salvo que tuviera que ver con nuestra hija. Por las noches yo subía a hacer mis rituales vespertinos (escribir en mi diario, meditar y manifestar). Él, por su parte, se quedaba abajo, planeando su siguiente ataque en mi contra. Quizá no es que lo planeara. Si intento verlo desde su punto de vista, él también estaba intentando encontrarle sentido al quebrantamiento de nuestro matrimonio. Quería razones. Quería respuestas. Quería señalar culpables. Quería una explicación a la cual aferrarse. Quizá simplemente usó las herramientas que tenía a su alcance (antagonizarme, negarse a irse a vivir a otro lado) para tratar de extrapolar mis pensamientos, mis motivaciones, mis próximas acciones. Quizá fue parte de su forma retorcida de tratar de encontrar respuestas. Pero yo lo sentí como un ataque. Cada mañana, a las 6 de la mañana, yo bajaba a prepararme café, y entonces él entraba a la cocina a recriminarme o antagonizarme por algo que acaba de ocurrir. Así fue como iniciaron mis mañanas todos los días durante los seis meses más largos de mi vida.

Todas las mañanas, yo despertaba de forma natural por ahí de las 6 de la mañana. Al abrir los ojos, susurraba para mis adentros: "Gracias, Universo. Gracias". Sin importar qué tan desafiante o abrumadora fuera la vida, lo primero que salía de mi boca al despertar siempre era un agradecimiento. Agradecía esta vida, este aliento, esta experiencia. Era una forma sencilla de mostrar gratitud sin importar las circunstancias, pues había muchas cosas en la vida que merecían mi aprecio. Me levantaba despacio, me lavaba los dientes, iba al baño y, al acercarme a la puerta del cuarto, se cernía sobre mí el momento que temía todas las mañanas. A diario me planteaba el desafío de bajar las escaleras de puntitas y no hacer suficiente ruido como para despertar a la bestia. ¿Podía ser capaz de bajar las escaleras, encender la tetera, verter dos cucharadas de mi café favorito en la prensa francesa, dejarlo reposar durante cuatro o cinco minutos, verter el café en la taza, agregarle un chorrito de leche y volver de puntitas a mi cuarto para disfrutar en silencio mi café matutino antes de que mi hija despertara y empezaran mis deberes maternos? ¿Podía lograrlo sin despertar a mi esposo y desatar su embate matutino?

Inhalaba profundo, apoyaba suavemente la mano sobre la perilla de la puerta, cerraba los ojos y me daba una mini charla motivacional de 15 segundos: *Tú puedes, Deepika. ¡Hoy lo lograrás! Bajarás esas escaleras, te servirás ese café y volverás al cuarto sin confrontación alguna. ¡Vamos, equipo!* Luego, giraba la perilla lentamente. Daba cada paso con mucha cautela. Me aseguraba de que mis pies apenas si rozaran sutilmente la alfombra color beige para reducir al máximo los ruidos. Cualquier rechinido o golpeteo en el suelo le haría saber que estaba despierta. Y no quería que eso ocurriera. Sólo quería beber mi café matutino en santa paz.

Nueve de cada diez veces, mientras bajaba lentísimamente las escaleras, veía que se abría la puerta de la habitación de huéspedes y escuchaba las pesadas pisadas de mi esposo en el suelo de madera mientras salía deprisa de la habitación de huéspedes para iniciar la batalla. Nueve de cada diez veces me confrontaba antes de que pudiera siquiera verter el agua en la prensa francesa. En esos momentos deseaba tener una cafetera automática para que todo el proceso fuera más rápido.

Aquel día no fue distinto. El cuarto escalón rechinó, y entonces me dio un vuelco el corazón. ¿Por qué ese escalón siempre me traicionaba? Cada día intentaba apoyar el pie en un lugar distinto, pero el escalón número cuatro no cooperaba. Sin importar qué tan ínfimo fuera el rechinido, le hacía saber a mi marido que ya iba de bajada. Y entonces se abría la puerta del cuarto de huéspedes e iniciaba la contienda de casi todos los días.

Esos encuentros matutinos no sólo eran estresantes porque me abordaba antes de mi primera taza de café (lo cual por sí solo ya era una ofensa), sino sobre todo porque sabía detalles específicos sobre lo que ocurría cuando él no estaba en casa: detalles de la conversación que había tenido con mi madre la noche anterior o que una amiga me había visitado en su ausencia y lo que había hablado con ella. Incluso sabía el chiste subido de tono que mi amiga me había contado al enterarse de que tenía mucho tiempo sin reírme. ¿Había puesto micrófonos en la casa? ¿Tenía algún dispositivo oculto para escucharme? ¿Había instalado una cámara?

Un día, mientras mi esposo estaba fuera de casa, mi primo Gary fue de visita y nos sentamos en el jardín trasero a disfrutar el calor del verano. Mientras conversábamos, le confesé que sospechaba que mi esposo me grababa, pero que no sabía cómo averiguarlo. No sabía cómo podía verse un micrófono escondido ni tenía forma de determinar si había algo así en mi casa. Con su habitual encanto y frescura juveniles, Gary me dijo: "¡Vamos a averiguarlo!". Entonces inició la búsqueda. Entramos a la casa y empezamos a hablarnos en susurros. Si lo que sospechábamos era cierto, no queríamos que nos grabara mientras buscábamos el misterioso equipo de grabación.

Buscamos en todos los armarios, en los gabinetes y los cajones, bajo los muebles, en los floreros, detrás de todos los cuadros... y hasta nos asomamos a la chimenea. Desatornillamos los enchufes, las lámparas, las válvulas de ventilación. Revisamos la casa de cabo a rabo... y no encontramos nada. El único lugar que no examinamos fue la habitación de huéspedes, que en ese entonces era la morada del ex. Nos convencimos entonces de que, si había micrófonos en algún lado, debía ser ahí.

Gary y yo necesitábamos un pretexto para entrar ahí. Si nos estaba grabando, debía parecer que teníamos una buena razón para entrar ahí que no fuera la de localizar el misterioso aparato de espionaje. Entre susurros, tramamos un plan. Gary entraría al cuarto con el pretexto de sacar almohadas extra del armario para llevarlas a su nuevo departamento. Él necesitaba almohadas; a nosotros nos sobraban almohadas. Y casualmente estaban en esa habitación.

Dejamos los susurros de lado y, una vez parados afuera de la habitación, usamos nuestra habitual voz animosa. Yo fui la primera en alzar la voz: "Mira, Gary, hay unas almohadas sobrantes en el armario del cuarto de abajo. ¿Por qué no te llevas esas?". Gary respondió: "¡Qué buena idea! ¿Puedo entrar por ellas?". Y yo le contesté con voz alegre: "¡Pero por supuesto que sí!". Si bien nuestras habilidades actorales eran pésimas, ¡funcionó! Gary abrió la puerta, caminó directo al armario, lo abrió, agarró las dos almohadas que estaban ahí, salió de la habitación y cerró la puerta. No tardó más de 15 segundos, pero fue suficiente para que viéramos la cámara colocada a un lado de la puerta. Estaba encendida y grabando. Y confirmamos nuestras sospechas.

Llevaba meses volviéndome loca intentando descifrar cómo sabía lo que sabía, y ahora por fin lo había averiguado. Cuando se iba de casa, encendía la cámara. Por las noches, escuchaba lo que había grabado. Y luego, a la mañana siguiente, me confrontaba usando sus últimas averiguaciones detectivescas. Sería poco decir que me sentí devastada, conmocionada y sorprendida. Aunque no quería seguir casada con él y estábamos en medio del proceso de divorcio, jamás me habría imaginado que era capaz de llegar tan bajo como para no sólo leer mis diarios, sino para también grabarme en mi propia casa.

Con el tiempo, empezó a ser casi cómico ver con qué tesorito se sentiría impulsado a confrontarme después. *Ah, ¿crees que puedes esconderme el dinero? ¿Crees que no averiguaré cuánto hay en la cuenta bancaria? ¿Dónde están todas tus joyas? ¿Dónde las pusiste? Sabes que puedo localizarlas, ¿verdad? Tengo formas de hacerlo. Ah, ¿así que tu mamá piensa que puede burlarse de mí? ¿En serio cree que podrías volver a casarte? ¿Quién querría casarse contigo sabiendo cómo eres en realidad? Uy, ¿en serio crees que le interesas a mi amigo? Es casi mi hermano. ¿Por qué habrías de interesarle? ¿Piensas que me saldré de aquí? No me iré hasta sacarte todo lo que necesito. Me lo debes.*

En situaciones así, es normal que el primer instinto sea atacar en respuesta y convertir el espectáculo en un juego de ping-pong. Yo también podía espiarlo. Podía husmear entre sus cosas. Podía seguirlo para averiguar adónde iba, qué hacía y con quién interactuaba. Al menos podía alzar la voz para intentar defenderme de sus agresiones. *Pues tú bebes demasiado. Me espías. Sé que me estás grabando. Y, ¿dónde está tu dinero? ¿Qué me escondes? ¿Adónde va todo tu dinero? Nadie se está burlando de ti. ¿Crees que mi mamá disfruta ver que el matrimonio de su hija se está desmoronando? ¿Por qué te preocupa tanto lo que piensen mi mamá, mis amigos o los tuyos? ¿No te das cuenta de que nada de eso importa? ¿De que lo que sí importa es que esta es una situación sumamente absurda?*

Pero eso no iba conmigo. Aprendí a enfocarme en preparar mi café y no reaccionar ante sus ataques. Él empezaba a hablar, y yo lo dejaba hacerlo. No me enganchaba. No respondía. En un intento por herirme, vociferaba cuanto quería sobre el tema que hubiera elegido la noche anterior. Yo, en cambio, aprendí a simplemente decir: "Gracias por tus comentarios. Ahora me iré a tomar mi café". Luego volvía a mi habitación, donde podía tomar mi café lejos de él. No quería engancharme. No quería pelear. No quería darle el gusto de que me viera reaccionar. Simplemente alzaba la barbilla y me iba. Eso no significaba que no me sintiera frustrada, furiosa y herida. No significaba que sus palabras y acciones no me dañaran. No significaba que mis niveles de estrés no estuvieran por los cielos. ¡Claro que lo estaban! A fin de cuentas, soy humana. Me enfurecía. Me afectaba. Me estresaba tanto que las palabras no me alcanzan para describirlo. Sus ataques eran desgarradores.

Sus palabras y maliciosas malinterpretaciones no eran mi verdad. El hecho de que él eligiera decir ciertas cosas no significaba que fueran ciertas. Mi esposo se convirtió en mi saboteador externo. Intentaba aventarme encima cualquier cosa con tal de romperme, con tal de mermar mi autoestima, con tal de hacerme dudar de mí misma.

En vez de eso, decidí tener fe en mi sabiduría interna, en mi conciencia, en mi propia verdad. Me enfoqué en mis manifestaciones, mis diarios, mis meditaciones… en recibir los golpes intuitivos y estar atenta a los chispazos del alma que aparecieran en los momentos más sórdidos, sin importar qué tan pequeños fueran. Seguí creyendo que la vida que deseaba estaba a la vuelta de la esquina; que, sin importar lo que él dijera o cuán difícil intentara hacerme las cosas, pronto esa parte de mi vida pasaría y le abriría la puerta a la siguiente;

que la siguiente parte de mi vida sería extraordinaria. ¿Cómo lo sabía? Porque creía que así lo sería. Día con día iba encarnando mis manifestaciones; y, para crear la vida que deseaba, debía seguir atravesando esto para poder llegar a donde estaba destinada a llegar.

Me dediqué a vivir en el presente. Mantuve la conciencia plena, la conexión con mi fuente (mi poder superior, la divinidad, el Universo, Dios) y mi claridad, y de ese modo conservé también mi cordura, lo cual no es fácil de hacer cuando tienes que vivir durante seis meses en la misma casa que la persona que pidió divorciarse de ti, que se niega a irse de la casa y que te graba a diario. Es enloquecedor. Pero en el ahora, en el presente, que él gritara, hablara, me intimidara y escupiera sus teorías de conspiración no importaba. En el momento presente, sólo estaba hablando, mientras yo me erguía en mi verdad. Alejarme de esas conversaciones tras decirle "gracias por compartir tus pensamientos" en lugar de pelear, me elevaba. A él lo enfurecía, pero a mí me elevaba. Tomé la decisión consciente de no engancharme porque en el presente no sentía la necesidad de hacerlo. No me traería ningún beneficio. Esa era mi verdad, y estaba decidida a vivirla. Con el tiempo, incluso empezó a parecerme divertido verlo perder la cabeza por no poder hacerme reaccionar.

Ahora bien, eso no significa que sus ataques no tuvieran efecto en mí. Claro que lo tenían. Había días en los que lloraba por lo enloquecedor que era todo. Me desahogaba con mis familiares y amigas. Incluso hubo unas cuantas ocasiones en las que la frustración fue tan abrumadora que sí me enojé y sí le reproché. *¡Basta! ¡Basta! Ya me harté de ti y de tus mentiras. Acabemos con esto, por favor. ¿Qué estás tratando de lograr? ¿Qué esperas que te diga? Aléjate de mí. Que tus amigos te crean tus mentiras y tus verdades a medias. Yo estoy harta de tantas idioteces.* Sin embargo, la mayoría de las veces me enfocaba en cambiar mi mentalidad y en elegir no permitir que la ira y la frustración me guiaran. Elegía permitir que las cosas funcionaran de forma distinta en mi interior. Y, cuando lo hacía, me elevaba de formas mágicas.

Cuando estamos en este tipo de situaciones tan terribles, las emociones que surgen en nuestro interior y que se enquistan están ligadas a nuestros propios miedos. *La última vez que alguien quiso pelear conmigo, no pude contestarle y eso me hizo sentir pequeño. Esta vez sí voy a contestar porque no quiero volver a sentirme pequeño.* Por otro lado, una sensación terrible que burbujea en el presente puede estar relacionada con un temor futuro. *Si lloro, sollozo y suplico, quizá no me deje. No quiero quedarme sola a los 40 años. Quizá pueda convencerlo de que me ame.*

Sin importar qué emociones surjan, no olvides esto: en ese preciso instante puedes elegir ponerte por encima de las circunstancias y simplemente estar en el glorioso, hermoso y maravilloso presente. Deja de rumiar el pasado y de obsesionarte con lo que no ha ocurrido aún. Simplemente vive en el momento presente.

En el presente eres una persona íntegra y completa, estás protegida y bajo el cuidado de la divinidad, y no importa qué clase de locuras te avienten los demás. Eso es cosa de ellos, no tuya.

Tampoco significa que no reflexionemos ni nos preguntemos por qué surgen esos detonantes. Está bien hacerlo. También sabemos que los dolores, los malestares o los triunfos del pasado han creado la versión que eres en el presente. Y, en este instante, en este preciso momento, estás en el presente. En este momento, puedes elegir simplemente estar. Puedes elegir ponerte por encima del ruido, del bullicio, de las discusiones, y saber que te estás elevando cada vez que respondes de una forma que antes ni siquiera imaginabas y que estás aprendiendo a vivir en el ahora y a estar consciente de que en este momento estás bien, estás a salvo, eres fuerte y puedes lidiar con lo que la vida te ponga enfrente. Puedes lidiar con los temores que burbujean en tu interior. *¿Mi hija se ajustará? ¿Qué dirá la gente? ¿Cómo me percibirán los demás? ¿Seré lo suficientemente fuerte como para volver a empezar?* Mis miedos eran genuinos y válidos. Pero la capacidad de atravesarlos y ser capaz de aterrizar con fuerza y seguridad del otro lado fue invaluable.

Es invaluable aprender a contenerse y contemplar la vida hasta que estás lista para enfrentarla. Claro que queremos saber por qué ciertas cosas no dejan de ocurrirnos y queremos entender mejor la forma en la que estas experiencias configuran el momento. Sin embargo, obsesionarnos con ese pensamiento sólo lleva el caos a nuevas dimensiones. Si a eso le sumamos el efecto colectivo de agregar nuestros miedos y dolores del pasado al malestar actual, se crea una avalancha de emociones que parece insuperable. En vez de eso, en mi caso, me esforcé por mantener cada cosa en su lugar. Aprendí a aceptar el momento por lo que era y a separarlo de cualquier experiencia pasada o implicación futura. Al hacerlo, podía examinar y entender las circunstancias actuales por lo que eran.

También aprendí a dejar de obsesionarme con la situación tan pronto me sentía abrumada . Cuando me sentía así, me enfocaba en la conciencia de sentirme abrumada y me decía a mí misma que entendía cómo me estaba sintiendo y que exploraría esa sensación a profundidad cuando tuviera el tiempo y el espacio para permitírmelo, que era en las noches, durante mis momentos de tranquilidad. Examinar las emociones que surgen temporalmente cuando tienes la libertad de desentrañarlas y no en el instante en el que salen a relucir crea la distancia suficiente para permitirnos vivir en el presente mientras reconocemos que es necesario llevara a cabo esfuerzos de sanación adicionales.

Hola, colega:

¿Alguna vez has estado en una discusión acalorada? Quizá recuerdes no haber tenido las palabras indicadas o haber escupido palabras incorrectas. ¿Recuerdas sentir que la discusión fue como si alguien te golpeara en el estómago y tú no supieras qué hacer o decir? ¿Recuerdas haberte ido indignado, azotado la puerta o aventado algo? Si eres como yo, recordarás estar sentada en tu armario, llorando por lo irreal que era todo.

Esas peleas nos drenan y nos hacen sentir fatal, ya sea que tengamos la razón o no. Quiero que sepas que el enojo tiene su propio lugar. Tienes derecho a enojarte, pues esas emociones no tienen nada de malo. Sin embargo, también podemos encontrar una forma de refrenar nuestras emociones acaloradas y brindarles un espacio propio.

Háblale a tu enojo. Ten una conversación con él. Intenta abordarlo como si fuera una persona más en tu vida. Literalmente podrías decirle: "Hola, enojo. Veo que has vuelto". Puedes preguntarle: "¿Qué te detonó hoy? ¿Por qué este dolor surgió el día de hoy?". Reconforta a esta parte de ti con palabras como "Entiendo que te sientas así. En serio". Al conversar con el enojo, lo humanizamos y lo reconocemos; y, al conversar con esa parte furiosa de ti, podrás ir cambiando poco a poco la forma en que surge ese sentimiento y hasta refrenarlo, en vez de permitirle que se desboque.

Aceptas que el enojo está presente. No lo evitas. Poco a poco aprendes a manejarlo mejor al reconocerlo y abordarlo de una forma distinta. Sin embargo, si ese enojo es demasiado abrumador, se vale contactar a una amiga, un terapeuta o un profesional que puedan brindarte introspecciones a la medida para atajar aquello que te detona.

Aprender a acoger y entender a nuestro enojo puede transformar la manera en la que sobrellevamos nuestras experiencias de vida. Inténtalo.

Con amor,
Yo

CAPÍTULO 19

Hola, Universo:

Mi capacidad de ver las cosas con curiosidad ha mejorado más que nunca, y todo gracias a ti. A últimas fechas, me mantengo abierta a lo que ocurra a mi alrededor, sin cuestionarlo, sin juzgarlo, sin hacer interminables maromas analíticas. Ahora puedo permitir que las cosas se desarrollen y mantengo una actitud abierta y curiosa ante lo que ocurre. Cuando cuestionaba, juzgaba o analizaba todo, me paralizaba. ¡No podía dejar de hacerlo! Y no sólo era agotador, sino también infructífero. Lo único que hacía era caer en un bucle continuo de angustia y estrés.

Ahora sé que debo mantener una actitud abierta y curiosa ante todo aquello que ocurra. Por eso sé (genuinamente sé) que todo lo que está ocurriendo en mi vida es lo que está destinado a ocurrir. Sé que escuchaste mis intenciones y que orquestaste todo para que mis intenciones se manifestaran de la mejor forma posible. Aunque se vea distinto a como lo imaginé o no ocurra en el momento que yo hubiera preferido, sé que todo está diseñado para brindarme el mejor resultado posible. Prometo permitirme una mayor apertura a la forma en la que las cosas ocurren. Cuando haya pasos distintos a los que yo hubiera anticipado, haré mi mejor esfuerzo para mantener una actitud abierta y curiosa ante por qué surgió de esa manera.

Jamás habría llegado hasta aquí si no hubiera recibido tus mensajes o si no me hubieras mantenido en tu afluente. Y te lo agradezco infinitamente.

Con amor,
Yo

Para mantener mi mentalidad espiritual, fue clave mantener una cualidad en particular: curiosidad. La acción de mantener una actitud curiosa —es decir, de seguir explorando, descubriendo y ansiando conocer— se volvió parte central de mi espíritu.

Durante el proceso del divorcio, hubo días buenos y días que fueron francamente terribles. Empecé a ver mi cotidianidad como el afluente de un río. No me interesaba lo que otras personas pensaran sobre mi historia. No me interesaba cómo me veían los demás. Ni siquiera me interesaba el desarrollo de cada escena individual. Estaba enfocada en seguir fluyendo. Conforme las situaciones se presentaban, las veía como rocas en el agua. Me daba curiosidad por qué aparecían y me preguntaba qué impacto podrían tener, pero me mantenía centrada para seguir fluyendo. No permitía que el siguiente incidente, hecho o giro sorprendente me desequilibrara. Intentaba simple y sencillamente mantenerme en mi propio afluente. Incluso si la situación daba un giro que no había contemplado, mantenía una actitud abierta y curiosa ante por qué había ocurrido de esa manera. No me aferraba a obtener un resultado en particular, sino que más bien me enfocaba en mantenerme abierta para recibir lo que deseaba, a sabiendas de que podía tener una forma distinta a la que quizá yo había vislumbrado.

Había días en los que me sumía en la autocompasión y sentía que la más reciente cadena de sucesos era intolerable. Por momentos me convertía en un manojo de nervios y volvía a las viejas formas de enfrentar las situaciones malas que se suscitaban de forma aparentemente causal: comía helado, lloraba, gritaba y sentía que el mundo estaba en mi contra. Pero no me permitía quedarme ahí durante demasiado tiempo. Me daba un respiro después de haber vuelto a aquel espacio por un rato, pero siempre me levantaba y regresaba al camino de la curiosidad y la apertura ante por qué las circunstancias se suscitaban de esa forma.

Mientras coexistía con aquella apertura y curiosidad, me arraigaba aún más en mi práctica espiritual. Me arraigaba aún más en la creencia de que el Universo siempre cumple. Y, como de costumbre, eso era precisamente lo que el Universo hacía.

Esa curiosidad salió a relucir un bello día soleado mientras entraba a la sesión de terapia de pareja. Conforme nuestra relación se fue amargando, él empezó a insistir en que fuéramos a terapia, lo cual me pareció sorprendente, dado que nunca mostró interés en ninguna de las incontables veces que sugerí que fuéramos a terapia durante nuestro matrimonio.

Llegábamos a las sesiones por separado para que después yo me fuera al trabajo y él se fuera a nuestro pequeño negocio. Ese día en particular, entré sintiéndome bien. Por lo regular me aterraban las sesiones, pero ese día estaba un poco esperanzada, aunque no porque la terapia nos estuviera ayudando a reconectarnos. Por el contrario; estábamos más desconectados que nunca. Sin embargo, ese día sentí que se respiraba un cambio en el ambiente. Llegué con una actitud positiva, esperanzada y hasta envalentonada, pero no por una acción o suceso en especial, sino porque había en el ambiente una energía envolvente que me hacía sentir bien.

Antes de que iniciara la sesión, ambos nos sentamos en el sofá, yo en un extremo y mi esposo en el otro. Justo cuando íbamos a comenzar, volteé a verlo: el hombre estaba mirando a la terapeuta con expresión estoica. Estábamos a unos cuantos centímetros de distancia, pero parecía que nos separaba el Océano Pacífico. Nos sentíamos sumamente desconectados, desinteresados y poco apasionados el uno por el otro. Sin embargo, al mirarlo, me pareció un hombre sumamente atractivo y hasta adorable. Sentí una especie de dulzura hacia él, un tipo de esperanza, un tipo de sensación profunda de que quizá sus intenciones eran puras y de que podíamos enmendar el camino. En ocasiones me preguntaba cuánto sabría mi esposo sobre los conceptos espirituales con los que yo me estaba familiarizando. Si bien él sabía que mi sabático había tenido algo que ver con descubrimiento personal, no tenía idea de las verdades que yo estaba descubriendo. O al menos eso me parecía.

En cuestión de minutos, me di cuenta de que el Universo había vuelto a crear las condiciones y circunstancias necesarias para que nuestra historia siguiera adelante. La terapeuta nos preguntó quién quería empezar o si alguno de los dos tenía algo que decir. Él alzó la voz: "Yo tengo algo que decir". Luego de eso, inició con una larguísima introducción sin pies ni cabeza. No me quedaba claro adónde quería llegar, aunque a la larga llegó al punto: mi falta de interés en él tenía que ver con que yo planeaba fugarme con su amigo Dave. Luego entró en excesivos detalles sobre por qué estaba convencido de ello. Mientras él seguía con su diatriba, yo me asomé a la ventana. Los árboles se mecían suavemente con el viento mientras los hermosos rayos del sol iluminaban cada una de sus hojas. No sabía si observar lo que estaba ocurriendo dentro del consultorio y escuchar el interminable sermón de mi esposo, o mirar por la ventana. Sabía que era un momento por el que debía sentir curiosidad. No entendía por qué estaba diciendo esas cosas ni cómo llegó a esas conclusiones tan descabelladas. Tampoco me quedaba claro qué esperaba lograr con sus malas interpretaciones. Lo que sí sabía era que aquello se estaba suscitando, que aquello era el presente.

Cuando al fin terminó, la terapeuta me preguntó qué quería responderle. Hice una larga pausa, pero no porque no supiera qué decir, sino porque no creía que mis interlocutores fueran a entenderlo. Era cierto que Dave había llegado a nuestro mundo para darle un vuelco y poner en marcha una serie de cambios, y que, sin siquiera imaginarlo o desearlo, era quien estaba impulsando el avance de nuestra historia. A pesar de que en ese momento estaba a miles de kilómetros de distancia de nosotros, Dave seguía haciendo el trabajo del Universo seis meses después de habernos visitado y de que hubiéramos tenido contacto con él.

En vez de anunciar esa verdad, inhalé profundo y me conformé con contestar: "Estás equivocado. Eso no es cierto. ¿De dónde sacaste eso?". Procedí a comentar que Dave era un tipo agradable y listo que me había simpatizado y cuya compañía había disfrutado desde que conocí a mi esposo. Era un tipo admirable, pero no había hablado con él desde su última visita... y definitivamente no tenía planes de huir con nadie ni de hacer nada con alguien más. Y eso fue todo. No creí que mis interlocutores pudieran absorber mucho más que eso.

En ese momento me parecía que el principal misterio era cómo había llegado a esa conclusión. Debí haberme dado cuenta de que había leído mis diarios, pero me negaba a creer que fuera capaz de algo así. Sin embargo, sí lo había sido. Si no, ¿cómo se habría enterado de lo del Vaquero? Para evadirme de mi realidad e imaginar la vida que deseaba, creé un novio al que le llamé el Vaquero y escribí sobre él en mis diarios. El Vaquero era un 75% George Clooney (la única celebridad que he amado con todo el corazón) y un 25% otros hombres con los que había salido antes, con los que me había obsesionado, a quienes había amado o que admiraba.

Una noche, mientras meditaba en silencio, tuve una visión en la que metafóricamente metía a esos hombres en una licuadora y los mezclaba para crear al Vaquero. El Vaquero era el hombre con quien me escapaba cuando cerraba los ojos y sentía la necesidad de soñar despierta. El Vaquero era la encarnación de la persona con la que quería estar. Era la persona con quien quería pasar mi vida, con quien podía ser la versión más auténtica de mí misma. Era la persona que me amaba tal y como era, con mis arrugas, mis brazos regordetes, las estrías de mi vientre, la cicatriz de mi cesárea... El Vaquero era la pareja amorosa y perfecta que me elevaba en lugar de aplastarme. El Vaquero y yo estábamos conectados a nivel espiritual. El Vaquero era mi Universo alterno.

No era una persona en particular. No era Dave ni era George Clooney (aunque, George, si estas leyendo esto, estoy soltera y quiero que me des el anillo, ¿de acuerdo?). El Vaquero era un amante, amigo, confidente, novio, esposo e individuo imaginario que fungía como mi válvula de escape. No era un enamoramiento, una obsesión ni el deseo de estar en los brazos de alguien en particular. Simplemente era el lugar de mi cabeza en el que me refugiaba. Era la válvula de escape emocional que usaba mientras manifestaba, soñaba y creía que la vida podía ser distinta.

Era imposible que mis interlocutores entendieran lo mucho que resentía haber tenido que crear un personaje ficticio —una realidad alternativa— para sobrevivir a la cotidianidad de mi matrimonio. *¿Por qué las cosas no podían SIMPLEMENTE mejorar? ¿Por qué esta vida no podía SIMPLEMENTE ser lo que yo necesitaba que fuera? ¿Por qué tenía que imaginar a alguien más?* Aun así, también creía que el Vaquero tenía la finalidad de mostrarme un nuevo camino, el camino que me permitiría ver (pero de verdad *ver*) que podía ser *yo* misma, que podía desarrollar mi potencial al máximo, que podía honrar mis verdades y que alguien más podría amarme tal y como era, sin reservas. Además, ¿quién no querría siempre imaginar a un vaquero idéntico a George Clooney al cerrar los ojos?

Sin embargo, en ese momento sabía que ni la terapeuta ni mi esposo entenderían aquella verdad. No necesitaba que nadie más la entendiera. Era mi forma de sobrellevar las cosas y lo que tenía que hacer para seguir con mi vida. Me quedé sentada ahí, como el río, y seguí fluyendo a pesar del obstáculo que acababa de aparecer en mi camino. Me pregunté con curiosidad por qué acababa de ocurrir precisamente eso y qué significaba, pero me mantuve firmemente arraigada en la convicción de seguir fluyendo hacia donde me llevara la corriente.

Hola, colega:

¿Cuándo fue la última vez que te mantuviste en un estado de auténtica curiosidad? ¿Cuándo fue la última vez que, en lugar de frustrarte o molestarte, optaste por sentir curiosidad y apertura ante lo que estaba ocurriendo? Si nunca has logrado hacerlo, es importante que sepas que no estás solo. Esta sociedad nos condiciona a responder con un sentido del bien contra el mal, o de lo correcto contra lo equívoco. Todos hemos visto incontables películas o series de televisión donde la confrontación, la frustración, la ira y las explosiones emocionales son la norma.

Podemos y debemos desmarcarnos de este tipo de reacciones y responder de forma más mesurada, abierta y curiosa. En mi caso, me ayuda a ver las situaciones desde afuera, como si estuviera viendo una escena desarrollarse en una película. Bajo esta óptica, puedo identificar con más facilidad de qué forma una respuesta o reacción alternativa nos habría beneficiado a mí y a quienes me rodean.

¿Recuerdas alguna situación en tu vida en la que hayas tenido una intensa reacción emocional? ¿Cómo te hizo sentir reaccionar de esa manera? Pregúntate si esa explosión de emociones te infundió una sensación de victoria, esperanza o cierre.

A continuación, intenta extraerte de esa situación y observar ese mismo lugar, esas mismas circunstancias y a esas mismas personas como si estuvieras viendo la escena en una pantalla. Obsérvala como alguien externo. ¿Ves algo distinto? ¿Crees que podrías haber reaccionado de otra manera? Si hubieras reaccionado de forma distinta, ¿cómo te hubieras sentido? ¿Qué habrías querido que supiera desde antes tu personaje en esa película? ¿Qué querrías que tu personaje entendiera o tomara en cuenta antes de pasar a la siguiente escena?

Distanciarnos de nuestras reacciones emocionales y ser capaces de observar las situaciones desde un lugar de apertura y curiosidad puede desatar otras emociones, pensamientos o cambios que te ayuden a avanzar en tu propio viaje espiritual. Inténtalo la próxima vez que se suscite una situación que interrumpa tu flujo.

Con amor,
Yo

CAPÍTULO 20

Hola, Universo:

Me encanta cuando aparecen en mi vida más personas que entienden mi lado espiritual. Desde hace tiempo has estado trayendo gente a mi mundo que me ha ayudado a redirigirme hacia una nueva forma de pensar. Y, conforme avanzo en este camino, disfruto más y más estos nuevos rostros. Me encanta tener a estas personas con quienes puedo compartir experiencias e introspecciones.

No todo el mundo puede aceptar nuevas formas de vivir. Aun así, todo lo que pasa en nuestro mundo está en constante cambio. Los árboles pasan de marchitarse en invierno a reverdecer en primavera. ¿Por qué no habría de cambiar también la forma en la que experimentamos el mundo?

Lo he aprendido de primera mano. Pasé de ser una experta hacedora y resolutora enérgica, analítica y organizada que intentaba controlar y gestionar enemil cosas al mismo tiempo, a ser alguien que vive mucho más en el flujo del aquí y el ahora. No me la paso el día entero sentada en flor de loto y meditando. Sigo teniendo un trabajo muy demandante, una familia y un montón de cosas que gestionar. Pero intento transitar mis responsabilidades y actividades diarias teniendo una mayor conexión conmigo misma y con las energías que me rodean. Conectarme con otras personas que experimentan el mundo de forma similar me ha ayudado a avanzar de formas milagrosas.

Por favor, no dejes de brindarme estas amistades. Me ayudan a abrir los ojos y a seguir en mi camino. Y eso es algo que te agradezco infinitamente.

Con amor,
Yo

Cuando empiezas a encaminarte hacia algo nuevo, empiezas también a conocer gente que se adhiere a cosas similares. Si te tomas el acondicionamiento físico en serio, de pronto encontrarás más personas involucradas en ese tipo de actividades. Si empiezas a realizar más actividades al aire libre, encontrarás personas que comparten esa pasión. Lo mismo ocurre con la espiritualidad. La misma gente con la que te vinculaste hablando de sus desamores y desengaños mientras bebían una copa de vino de pronto pueden también tener un lado espiritual que desconocías. O, si estás leyendo este libro en una cafetería, quizá alguien se te acerque para hablar contigo al respecto. De una u otra forma, conforme avanzamos en nuestro propio sendero evolutivo, estamos destinados a descubrir a otras personas con intereses similares. A esas personas les llamo "colegas espirituales".

Mis colegas espirituales resultaron ser personas que ya estaban ahí. No sabía que Lilly, una joven con la que había trabajado durante varios años, estaba lidiando con problemas similares a los míos. Ambas habíamos trabajado juntas en algunas de las cuentas más importantes de la empresa. Hablábamos varias veces al día sobre cuestiones de trabajo, pero también encontrábamos tiempo para tener conversaciones divertidas y ligeras en el almuerzo o cuando salíamos a tomar un trago con otros colegas.

Un día, Lilly y yo tuvimos que trabajar hasta tarde para terminar la presentación que haríamos para un cliente importantísimo a la mañana siguiente. Cuando acabamos, comenté algo así como "Muy bien. Que la de mañana sea una reunión prolífica para nosotros, Universo". No acostumbraba decir ese tipo de cosas en el trabajo, pues no quería exponer mis pensamientos sobre el Universo frente a mis colegas. Para mi sorpresa, Lilly contestó: "Lo será. Desde hace semanas ha habido señales de que así será. El Universo se encargará de que

203

así sea". Ambas nos reímos y terminamos la llamada. Ahí me di cuenta de que acababa de encontrar otra colega espiritual.

La siguiente vez que nos reunimos, conversamos abiertamente sobre el tema. Descubrí que ella también estaba explorando su lado espiritual, así que empezamos a comparar notas. Y, durante los últimos cinco años, Lilly ha sido parte crucial de mi crecimiento espiritual, así como yo lo he sido del suyo. Con frecuencia discutimos nuestras introspecciones y ahondamos en pensamientos espirituales complejos. Y reconozco que contar con el apoyo de Lilly para explorar estas nociones espirituales ha sido un gran regalo del Universo.

También está Ria, con quien tenía una amistad de más de una década. Desde el principio entablamos una conexión muy natural, y con frecuencia discutíamos toda clase de temas típicos de mujeres, como ir de compras, tener citas, viajar, nuestras familias, nuestra profesión… Poco a poco, las conversaciones fueron evolucionando y pasaron de girar en torno a relaciones e ideas de negocios, a ser sobre temas espirituales. Ria era profesora de yoga y meditación, así que siempre nos vinculábamos en torno a cómo profundizar nuestra práctica de la meditación. No obstante, una noche, mientras hablábamos sobre meditación, Ria carraspeó de pronto y comentó de forma muy titubeante: "Hoy, cuando salí de casa para venir para acá, sentí una fuerte necesidad de volver por mis cartas de Tarot. ¿Sacamos una? Siento que el Universo tiene algo que decirnos". Aunque éramos amigas cercanas y habíamos compartido muchas cosas a lo largo de los años, en ese momento actuó con cautela al revelar una de sus prácticas más espirituales. La miré con una gran sonrisa y le contesté: "¡Pero por supuesto!". Ambas nos reímos a carcajadas. Yo no sabía mucho sobre el tarot, pero en ese momento nos dimos permiso de compartir con más libertad nuestro lado espiritual. La velada se encaminó hacia un reino supraterrenal, y desde entonces nuestras conversaciones no volvieron a ser iguales. Ria es una extraordinaria colega espiritual porque con ella puedo reflexionar sobre cualquier introspección, sin importar si es pequeña, grande o abstracta. Saber que entiende mi viaje y que yo entiendo el suyo nos ha permitido forjar una conexión que nos ayuda a seguir fluyendo.

Conforme vayas explorando tu lado más espiritual, encuentra gente que te apoye en ese proceso. Quizá no sea tu madre o tu pareja. Quizá no lo entiendan y crean que has perdido la cabeza. Y está bien. Habrá gente en tu vida que sea muy importante y cercana y que no se cuestione las mismas cosas que tú. No significa que dejarán de ser tus amigos o que dejarán de ser personas importantes que contribuyan a tu vida. Lo que sí significa es que habrá gente que se sienta atraída hacia ti y gente hacia la cual tú te sentirás atraída y que te ayudará en tu viaje espiritual. Quizá sea gente que no conozcas aún o gente que ya es parte de tu vida que no sabías que también ha reflexionado acerca de algunos de los mismos temas que tú estás considerando en este momento. Contar con el apoyo de otros permitirá que tu experiencia adquiera una profundidad mágica. Y, con el tiempo, podrías incluso contagiarles esas ganas de elevar tu espiritualidad a las personas que menos te imaginas.

Hola, colega:

¿Perteneces a una comunidad en particular, como un grupo de padres de familia de la escuela de tus hijos, un grupo de yoga con el que acostumbres practicar o un club de lectura? ¿Cómo te hace sentir ver a personas de esa comunidad? En la mayoría de los casos, cuando existe un sentido de comunidad, hay también cierta camaradería en torno a creencias, experiencias o intereses compartidos.

Conforme ahondes en tus prácticas, verás que encontrar un lugar o una persona especial con los cuales explorar tu lado espiritual también hará más profunda la experiencia. Esos lugares o personas te mostrarán partes de ti mismo que no habías contemplado antes y te brindarán momentos de aprendizaje poderosos que harán más profundas tus prácticas espirituales.

Intenta Esto

Tal vez ya conozcas a alguien con quien te gustaría discutir estos temas. Si has encontrado a alguien con el potencial de ser un colega espiritual y quieres acercarte a esa persona, quizá te preguntes cómo iniciar la conversación. Piensa tres preguntas que podrías hacerle y cuáles podrían ser sus respuestas. Estar preparada para tener esa conversación en donde sea que ocurra —en un elevador, una fiesta, en la fila del supermercado— y cuando sea que ocurra puede ayudarte a encontrar un poderoso colega espiritual que impulse tu viaje espiritual. Recuerda que no hay nada que temer cuando te acercas a alguien. Es seguro abrirte con los demás. Simplemente es otra parte del viaje.

Con amor,

Yo

CAPÍTULO 21

Hola, Universo:

Hoy me llamó mi amiga y me extendió una invitación sencilla y sumamente inocente para salir a divertirnos. Sin embargo, a mí me desconcertó... y la rechacé. No es que no me guste salir. Claro que salgo de casa para ir al trabajo. Voy a la escuela de mi hija para dejarla y recogerla. Voy a la cafetería. Voy al supermercado. Sin embargo, desde lo del divorcio, me he vuelto bastante insular. No quiero hablar con gente externa a mi círculo más íntimo de confidentes. Y definitivamente no quiero toparme con alguien en el centro comercial o el parque. No tengo deseo alguno de publicar actualizaciones en redes sociales. A últimas fechas, lo único que deseo es reconocer y aceptar mi privacidad y elegir de forma más deliberada con quién interactúo y por qué.

Sin embargo, al volverme una persona más privada, no puedo evitar preguntarme si en el fondo no estaré escondiéndome. Pero no tengo razones para hacerlo, ¿o sí? No he hecho nada malo y, aunque sí lo hubiera hecho, sigue sin ser motivo suficiente para ocultarme. No necesito abandonar ni evadir a las personas que he conocido por el simple hecho de que no quiero hablar sobre mi divorcio. No es indispensable. Y, aunque lo sé en cierto modo, activamente sigo evadiendo a la gente. ¿Por qué?

¿Por qué no quiero hablar sobre mi divorcio, mis conflictos, mi dolor? ¿Por qué evito hablar con esa gente que ha sido para mí un pilar de apoyo en distintos momentos de la vida? Ahora literalmente la ghosteo.

Este chispazo del alma sin duda me ha dado algo que despierte mi curiosidad. Siempre me mandas chispazos del alma cuando más los necesito. Y espero que, en los días sucesivos, me lo muestres con mayor claridad.

Con amor,
Yo

Era un sábado cálido y soleado, y mi hija estaba pasando el día con su padre. Decidí sentarme en una tumbona junto a nuestra piscina. No me gustaba nadar, a pesar de haber tomado clases de natación durante años cuando era niña, pero me encantaba acostarme junto a la piscina en traje de baño para asolearme mientras leía un buen libro. Era un alivio que nuestro divorcio ya estuviera casi finalizado. La transición de nuestra hija al sistema de dos casas había salido tan bien como era de esperarse. Sin embargo, como con todo lo demás en nuestro divorcio, también hubo baches en ese camino.

Varias veces por las noches, mi hija se negaba a dormir en casa de su papá hasta que pudiera tener una videollamada conmigo en la que yo la acompañara durante sus plegarias o le cantara con voz dulce hasta que se quedara dormida. Era doloroso saber que lloraba y gritaba hasta que su papá accediera a llamarme. Él jamás me decía que nuestra hija había llorado y estaba inquieta, pero yo reconocía en la mirada de mi pequeña, como sólo una madre sabe hacerlo, que sentía un gran alivio al verme a través de las lágrimas porque sabía que la reconfortaría en el momento en el que más lo necesitaba. Sin embargo, lentamente, muuuuuuy lentameeeente, nos fuimos acostumbrando a esa nueva normalidad. Yo sabía que mi hija amaba a su padre, y que su padre la amaba también. Se divertían y, con el tiempo, fui entendiendo que no tenía nada de qué preocuparme cuando ella estaba con su papá.

De pronto sonó el teléfono. Era Sara. Era una de las pocas amistades que estaba al tanto de los detalles de mi situación. Con una voz sumamente alegre me dijo: "Salgamos esta noche a divertirnos".

"¿Divertirse? ¿Qué es eso?", contesté en tono sarcástico. Para ser sincera, en ese momento no recordaba la última vez que había ido a un restaurante elegante, me había reído a carcajadas con una amiga o había bailado toda la noche. Hacía años que no salía con mis amigas y me la pasaba bien, sin preocupaciones. Le contesté a Sara que prefería quedarme en casa y que, si ella quería visitarme, era más que bienvenida. Sara me dijo: "¡Venga! ¿Por qué no salimos a divertirnos un rato? ¿No crees que mereces divertirte?".

Y en ese momento tuve una revelación, tal como solía ocurrirme con los chispazos del alma. El mundo se ralentizó. De pronto, vi las letras de la palabra D-I-V-E-R-S-I-Ó-N flotando en el aire sobre la pisicina. En las profundidades de mi ser burbujeó una emoción. Había estado viviendo bajo la premisa de que *no merecía divertirme*. Esa creencia decidió hacerse evidente a través de la simple invitación de mi amiga a salir y pasarla bien durante una noche. Probablemente llevaba años afectándome sin que yo me diera cuenta en absoluto. Pero ese día decidió salir a la luz: no merecía divertirme. Empecé a entender que, cada vez que evitaba situaciones, personas, reuniones, mensajes de texto de amistades, familiares o antiguos confidentes, lo hacía porque no quería vincularme. No quería que vieran lo que en realidad estaba ocurriendo.

¿Por qué no merecía divertirme? ¿De dónde había sacado esa idea? Me di cuenta de que tenía profundamente arraigada la creencia de que había fracasado. El divorcio implicaba un fracaso. Que no hubiera tenido un buen matrimonio me convertía en una fracasada. Someter a mi hija a vivir en dos hogares representaba un fracaso. Estar divorciada era algo de lo cual estar avergonzada… y, aunque en realidad no me avergonzaba, sin duda creía que no debía estar orgullosa tampoco. Era algo que debía ocultar. Era algo de lo que no debía hablar. Y, si esa enorme parte de mi vida debía permanecer oculta, entonces no podía salir a divertirme. Simple y sencillamente no me lo merecía.

Mientras lo reflexionaba, los ojos se me llenaron de lágrimas que empezaron a caerme por las mejillas. Me daba una enorme tristeza que esa emoción habitara en mi interior y que, de forma inconsciente, hubiera configurado mi vida. A pesar de las lágrimas, me fue generando cada vez más curiosidad. *¿De dónde salió en un inicio? ¿Cuándo apareció por primera vez? ¿Por qué me aferraba* *a una creencia tan falsa sobre mi vida y sobre mí misma?* Pero, sobre todo, acepté el sentimiento y, casi en ese mismo instante, me comprometí a liberarme de él. Un matrimonio disfuncional y el posterior divorcio interminable y engorroso habían limitado mi vida lo suficiente. Había pasado una década atada a esa persona y a una relación que no me había permitido ser quien necesitaba ser. Pero no más. No sólo merecía divertirme, sino que también merecía hablar abiertamente sobre mi historia de vida, sobre lo que había ocurrido... merecía compartirlo sin arrepentimientos.

Intentar llevar una vida con mayor orientación espiritual no me hacía inmune a los pensamientos tóxicos ni me protegía de las mentiras que habían decidido convertir mi mente y mi cuerpo en su hogar. Mi nueva forma de ser me brindó la conciencia de ver todo aquello que configuraba mi presente y aquello que necesitaba sanar. Aceptarnos de forma integral, incluyendo las partes que no nos gustan o que preferiríamos que no existieran, es otro elemento de crecimiento espiritual. Debemos enfrentar las verdades, por difíciles que sean, y ocuparnos de ellas.

Hola, colega:

Conforme tu práctica espiritual se fortalezca, quizá vayas entendiendo mejor las creencias limitantes que acostumbrabas tener y el impacto que han tenido en tu vida. Te ofrezco este espacio para iniciar el proceso de liberarte de esas creencias limitantes y permitirte experimentar tus circunstancias actuales sin todo aquel bagaje del pasado.

Preparé este mantra para ayudarte en el proceso.

Intenta Esto

Libero cualquier experiencia previa con esta creencia limitante e invito a que llegue todo lo necesario para crear una vida propia tal y como la imaginé.

Repite este mantra tantas veces como te resulte cómodo. Puedes también escribirlo y releerlo a diario. Al hacerlo, siente las implicaciones de este mantra en tu interior. Siente cómo serán las cosas cuando al fin liberes esta creencia e invites a que llegue a tu vida lo necesario para crear la vida que deseas.

Para hacer más profundo este mantra, intenta hacerlo más específico a tu situación personal. Basta con llenar los siguientes espacios en blanco. "Permito que _____ (escribe la creencia limitante aquí) se vaya por completo y me abro a la llegada de _____ (escribe aquí la experiencia que preferirías tener).

Inténtalo.

Con amor,
Yo

CAPÍTULO 22

Hola, Universo:

Hace años que no tenía una noche así. Mi amiga se negó a aceptar mi rechazo, así que, después de un rato, accedí a salir. Me arreglé. Desempolvé mis atuendos divertidos. Me ricé el cabello. Me maquillé. Me puse tacones. Saqué mi bolso de fiesta y emprendí la aventura. Bebí un coctel. Cenamos delicioso. Nos reímos. Proferí el tipo de carcajadas que hacen que te duela el vientre y que los ojos se te llenen de lágrimas de tan graciosas que son las cosas. ¡Y bailamos! Había una banda tocando en vivo. Nos pusimos de pie, caminamos a la pista y bailamos. No recordaba lo mucho que me encantaba bailar y bailar sin parar.

Me di cuenta de lo mucho que dudaba de salir al mundo y enfrentarlo. Pero entonces tú me recordaste de la forma más maravillosa posible que divertirse, ser feliz, disfrutar y dejarse llevar es igual de importante que todas las otras prácticas espirituales que llevo los últimos años incorporando a mi vida. ¡Es divertido divertirse! Y me hacía mucha falta.

Con amor,
Yo

Había pasado los dos años previos depurando activamente la extensa red que había tenido alguna vez —rebosante de familia, amigos, amistades extendidas, colegas laborales, compromisos y supercompromisos—, para que mi entorno fuera más pequeño y selecto. Creé una existencia en donde sólo estuviera presente aquello que yo quería. De forma deliberada, intencional y descarada creé una especie de capullo en donde estuviera envuelta sólo por aquello que quería y nada más.

Pero al fin estaba lista para abrir las alas. No quería esconderme de la gente. No quería evadirla. No tenía motivos para avergonzarme. Habitar genuinamente mi verdad implicaba aceptarla… y para eso debía dejar de temer que me juzgaran. La gente dirá lo que quiera. No se lo impidas. Sus palabras son suyas y de nadie más. Permite que no sean más que una piedrita en el afluente de tu río. Un diminuto obstáculo que no impedirá que sigas fluyendo.

En parte, fluir implicaba permitir que me vieran. Reunirme de nuevo con mis amistades, compartirles mi historia y escuchar la suya. Dejé de esconderme. Dejé de evadir sus llamadas. Si alguien quería vincularse conmigo, ya no evadiría a esa persona. Tomé las llamadas. Respondí a los mensajes. Asistí a las fiestas familiares, con la cabeza en alto. Y, quizá lo más importante para sanar… compartí. No con todo el mundo, pero sí con la gente a la que le importaba, a la que le preocupaba, a la que de verdad quería conocer y comprender lo que me había ocurrido en los últimos dos años. Y resultó muy sanador.

También es muy sanador tener compasión hacia nosotras mismas. Me di cuenta de que mi colapso programado había sido un acto de autocompasión. Me enfrasqué en profundos autocuidados, introspecciones y momentos de diversión para darme a mí misma el abrazo más cálido del mundo. Era una forma notoria de decirle a todo mi ser que me amaba, que no me había olvidado de mí misma, que contaba conmigo misma, que me importaba a mí misma. Aun así, conforme las revelaciones se iban apilando, me sentía triste de ser la responsable de haber creado todas las circunstancias en las que me encontraba. Una parte de mí incluso se sentía molesta de haberme permitido llegar hasta este punto.

Intenté cambiar la tristeza y la ira por compasión. Intenté tratarme a mí misma como trataría a cualquier amiga que estuviera pasando por un momento difícil. Me escribí una carta con las palabras y frases que le diría a otra persona que estuviera en la misma situación que yo. En esa carta hice algo inesperado. Me perdoné. Aunque yo era quien tenía que aprender una lección de mi vida y de mi matrimonio. Me perdoné por no honrar a mi yo más auténtico en mi relación. Me perdoné por vivir una vida que no representaba mi yo más auténtico. Me perdoné por olvidarme de mí misma y por no darme más importancia.

También perdoné a mi ex. Nada de eso había sido culpa suya. Quizá había hecho y dicho muchas cosas que opacaron mi luz, pero yo se lo permití, y eso había sido mi responsabilidad. El viaje era mío, mi viaje de autodescubrimiento, del descubrimiento de mi alma, que estaba encerrada aporreando la puerta para que la escuchara. Albergar enojos, resentimientos y sentimientos amargos era un sinsentido y una pérdida de tiempo. Perdoné todo aquello y seguí perdonando. Y, conforme lo hacía, el peso de las cargas, las tristezas y los dolores que habían llenado esos años empezó a disiparse.

Hola, colega:

La diversión no siempre consiste en bailar toda la noche.
Podemos divertirnos mucho en casa si nos lo proponemos.
Uno se la pasa bien chupándose los dedos después de comer
un panquecito cubierto de betún. ¡Es divertidísimo! Probar
maquillaje nuevo es divertido. Ponerse ropa elegante sin
que necesariamente tengas planes de salir es divertido. Hay
formas sencillas, económicas y muy disfrutables de divertirse.
Y... la diversión también es divertida.

La diversión también es un importante acto de
autocompasión. Es sanador y expansivo. Podemos compensar
todas las dificultades que la vida conlleva encontrando formas
de divertirnos. Al disfrutar, nos expandimos y abarcamos un
mayor espacio que nos hace avanzar de forma amorosa.

Para avanzar, también es necesario el perdón. Ser capaces de
perdonarnos a nosotros mismos y de perdonar a otros es el
mayor acto de autocompasión. Por desgracia, la mayoría de
las personas no podemos perdonar de inmediato. Debemos
practicar el perdón a diario, y poco a poco avanzar hacia
la liberación del dolor, el resentimiento y la tristeza para
amarnos de forma más íntegra.

Intenta Esto Escríbete una carta de perdón. Quizá quieras escribírsela
a tu yo actual, pasado o futuro. En esta carta vuelca
cualquier cosa que lleves dentro y que necesite ser
perdonada. Quizá sea la necesidad de perdonarte
por algo malo que te hicieron en la infancia. Quizá sea la
necesidad de perdonarte por haber estado en una relación
que no te hacía bien. Quizá quieras usar tu carta para

perdonar a alguien más que te hizo daño, te devaluó o te hizo sentir una tristeza profunda. Darte permiso de escribir esta carta con absoluta libertad y apertura será el primer paso para practicar el perdón y un gran salto para comprometerte con una mayor autocompasión.

Si en algo te pareces a mí, no todos los pasos que darás a lo largo de tu viaje serán concienzudos y maravillosos, ni estarán ejecutados a la perfección. Pero podemos reconocer la parte de nosotros mismos o de otros que no fue extraordinaria, agradable ni útil para respaldar a nuestro yo superior y nuestros esfuerzos por perdonar. Podemos practicar el perdón propio y el perdón hacia otros, y mientras lo hacemos podemos seguir avanzando.

Inténtalo.

Con amor,
Yo

CAPÍTULO 23

Hola, Universo:

Desperté muy temprano hoy, me hice un café y me senté en el jardín trasero. Las rosas estaban bien abiertas y su aroma flotaba en el aire y se mezclaba con el de los jazmines que cubrían en su totalidad la alargada cerca trasera, con sus brillantes hojas verdes y prístinas flores blancas y púrpuras. Escuché a las aves gorjear y vi a las mariposas batir las alas.

Me sumergí en la energía del instante. Esa energía era amor puro. Cada aroma hipnótico, cada gorjeo, cada zumbido y hasta el sonido distante del tráfico matutino, el brillo del sol y la forma en que las nubes veteaban el cielo. Aquel momento emanaba amor y era como si hubiera estado diseñado sólo para mí. Todos los altibajos, las tristezas, las alegrías, las aflicciones y las revelaciones que habían tenido lugar en los últimos dos años me habían llevado hasta ahí. Toda la conmoción, la sintonización con mi ser más interno, las ocasiones en las que vibré alto y no me dejé llevar por el drama, las ocasiones en las que lloré en el armario, las veces en las que volqué mi corazón sobre las páginas de mis diarios, las pinturas, el silencio, la meditación... todo eso configuró lo que podría considerarse el acto de amor por excelencia. Cada paso me fue guiando hacia mí. Para amarme. Para alzarme. Para volver a una frecuencia que me permitiera avanzar. Todo ello fue un acto de amor y, en ese instante, en mi jardín trasero, las rosas, los jazmines, las mariposas, las aves, los rayos de sol y todo lo demás hacía descender del cielo la energía más gloriosa. Esa energía me envolvió y me dio el abrazo más grande, amoroso y jubiloso del mundo. Lo logré. Pero no sólo lo logré, no sólo sobreviví y no sólo llegué del otro lado, sino que lo hice con amor.

Y, por esa razón, estaré eternamente agradecida contigo.

Con amor,

Yo

Estaba comprometida. Practicaba todos los días. Las entradas en mi diario, la meditación, las manifestaciones, la fe, la gratitud y el silencio. Esa práctica diaria seguía elevando mi vibración y seguía encaminándome hacia la vida que estaba destinada a experimentar. Pero había sido un proceso de evolución. No es como si lo hubiera hecho una vez y mágicamente lo hubiera dominado.

No son cosas que se conquisten o dominen. Son cosas que se siguen experimentando a lo largo de los años que nos quedan. Es la única relación que, una vez que la descubres y la entablas, está genuinamente destinada a durar toda la vida.

Y, al igual que cualquier otra relación a largo plazo, la naturaleza de la relación puede cambiar. Alguna técnica o algún método en particular puede funcionarte sumamente bien, pero luego fallar y dejar de resonar contigo. Y eso no tiene nada de malo. Encontrarás un nuevo método, un nuevo ángulo, un nuevo camino. Tu práctica estará en evolución constante. Conforme crezcas, conforme tus experiencias sean distintas, conforme las circunstancias de tu vida cambien, encontrarás diferentes formas de reforzarla. Quizá hayas empezado haciendo caminatas vespertinas para vincularte con tu yo más profundo y para reconciliarte con tu silencio. Quizá en este instante no sea una caminata vespertina lo que resuene contigo, sino algo total y completamente inesperado, algo que ni siquiera tienes en mente en este momento.

En mi caso, los métodos han seguido siendo básicamente los mismos. Mi ritual vespertino sigue consistiendo en encender velas, limpiar el espacio con salvia, escribir en mi diario, definir mis intenciones, creer en ellas, meditar, agradecer, sentarme en silencio, recibir. La parte del proceso que ha evolucionado es la profundidad y la comprensión que puedo extrapolar de todo lo que hago.

Veo más cambios. Veo más sincronías. Percibo una mayor profundidad y significado en cosas aparentemente triviales. En mis momentos más apacibles, en compañía del silencio, en comunión con mi conciencia, recibo todo lo que el Universo desea conferirme.

Mi práctica me ha llevado a una verdad fundamental: si estamos anclados en nuestra consciencia no nos harán tambalear las situaciones, las personas, las circunstancias o las cosas externas. Siempre que la vida transcurre a nuestro alrededor, la vemos tal y como es y nos mantenemos conectados a nuestro núcleo. Y, cuando eso ocurre, es mágico.

Hola, colega:

Sin importar en dónde te encuentres (ya sea un lugar físico, emocional, mental o geográfico), y sin importar qué te esté jalando en cuál dirección, recuerda que eres el capitán de tu propio barco. No te están haciendo pedazos ni eres un robot diseñado para siempre hacer las cosas de la misma manera todos los días. Estás a cargo de tu propia existencia, de tu lugar en ella, de la forma en que la transitas y hasta de la dirección hacia la que deseas encaminarte. Todo está en tu interior. Ve adonde estés destinado a ir. Permítete ser quien eres. Muéstrate ante otros. Comparte tus verdades. Baila el baile de tu elección. Deja de contenerte. No seas cauteloso. Simplemente desenvuélvete frente al Universo. El Universo te creó para que te mostraras en tu totalidad. Así que muéstrate con descaro, de forma auténtica y absoluta. Entra en el flujo de esta existencia y, al hacerlo, elige marchar en tu verdad fundamental. Cuando lo haces, genuinamente es mágico.

Con amor,

Yo

EPÍLOGO

Querida tú:

Estoy sumamente orgullosa de ti. Mira lo lejos que has llegado. Mira cuánto has logrado ver hoy que no habías sido capaz de ver antes. Eres una persona bendecida. Tu familia te amó, te crió y te enseñó el esfuerzo y la determinación. Tomaste todo lo que tu familia te inculcó y te esforzaste mucho por sobresalir en la escuela y en el trabajo. Debes estar muy orgulloso de tus logros.

¿Entonces, por qué, después de crecer con un amor tan profundo y de tener tanta confianza en tu vida personal y profesional, te traicionaste a ti misma? ¿Por qué en tu vida personal te conformaste con mucho menos de lo que merecías? ¿Por qué permaneciste en ese matrimonio carente de amor y de vida durante tanto tiempo? Intenté guiarte en cada paso del camino, pero sabía que, para que vieras, para que de verdad vieras esta vida, tenía que permitirte descubrir todo lo que estabas destinada a saber sobre ti misma a través de estas experiencias. Aprendiste por las malas. Y, aunque fue doloroso y hubo aflicción, y aunque tuviste que sobrellevar muchas más cosas, lo lograste. Ya estás del otro lado. ¡Mírate nada más!

Mira qué tan consciente de la vida estás. Mira cuántas cosas observas a diario. Mira cuán agradecida estás el día de hoy de cosas que antes dabas por sentadas. Mira cuánto se ha *expandido el amor en tu interior. Mira la grandeza de tu vida. No hablo de los títulos ni de las cuentas bancarias, sino de la grandeza en tu interior. Has desbloqueado muchas de las cosas que tu alma necesitaba. Sientes las energías de este universo mágico y ahora vibras con ellas. Regocíjate en ello.*

Sin embargo, aún hay más por aprender y experimentar. La vida no siempre será pan comido. Enfrentarás baches. Enfrentarás barreras. Enfrentarás malestares. Algunos serán pequeños. Algunos serán grandes. Así es la vida. Sin embargo, sin importar lo que la vida te ponga enfrente, recuerda que estoy contigo. Recuerda que, si permaneces en esta conciencia recién adquirida, serás capaz de transitar cualquier realidad que enfrentes. Aunque ahora estás aquí y este presente es asombroso, habrá un mañana. Sin importar qué traiga consigo ese mañana, ese nuevo momento, esa nueva experiencia, sigue volviendo al momento de tu vida en el que llegaste al otro lado. Regocíjate sabiendo que lograste llegar al otro lado de este enorme episodio de la vida en condiciones mucho mejores que las que tenías cuando empezaste. En este instante eres la mejor versión de ti misma. Estás llena de luz, de amor, de magia.

Todo lo que necesitas para seguir desbloqueando más de ti misma, para seguir viendo la profundidad del amor que albergas en tu interior, para ver la magia de tu existencia, radica dentro de ti en este preciso instante. Cada nueva experiencia te lo seguirá mostrando cada vez más. Confía en el proceso. Y siempre recuerda que estoy aquí. Te estoy escuchando. Te envío destellos de amor y fortaleza. Siempre podrás verme en ellos.

Basta con que mantengas la fuerza de nuestro vínculo, ya sea sentada en silencio, estando en comunión con la naturaleza, meditando, escribiendo en tu diario o de alguna otra forma nueva que descubras. Mantente conectado a mí, y yo siempre me mantendré conectado contigo. Todo está bien y seguirá estando bien.

Eres muy amada. Siente ese amor en tu interior y proyéctalo también hacia los demás. Y siempre permite que te asombre.

Con amor eterno,
El Universo

AGRADECIMIENTOS

Cuando cumplí cuarenta años empecé a llevar un diario de nuevo. Mientras el bolígrafo recorría la página de mi hermoso diario nuevo, un profundo conocimiento interno me inundó y supe que, algún día, esos diarios serían la base de un proyecto de escritura. Claro que en ese entonces no imaginaba siquiera que ese proyecto de escritura sería *Hola, Universo. Soy Yo.*

A mi **hija**: con quien más agradecida estoy es contigo. Gracias, de todo corazón. Volver a llevar un diario como si te estuviera escribiendo cartas propulsó un viaje que nos cambió la vida. Tengo la esperanza de que cuando seas una mujer adulta y madura, con experiencias y complejidades propias, mis palabras te brinden una reflexión y una comprensión significativas. Además de ser valiente y osada, eres la mayor alegría de mi vida. Tu espíritu, tu energía y tu ser me inspiran y motivan de formas que sigo descubriendo aún. Gracias por ser tú y por elegirme como tu mamá en este viaje de vida.

El viaje de mi vida inició bajo el cuidado amoroso de mis padres. Gracias por enfrentar con valentía la experiencia de migración en dos ocasiones — primero a Canadá y luego a Estados Unidos— para darles a sus hijos lo mejor de lo mejor. Tuvimos una infancia perfecta. Por sus esfuerzos, por las dificultades que enfrentaron, por todos los valores que me inculcaron y por ese amor mágico que me rodeó a diario… ¡gracias!

A mi **papá**, gracias por ser el mejor papá del mundo antes de que se pusiera de moda. Gracias por creer en tus hijos, por hacernos reír con tus bromas y por despertarnos temprano —o más bien tempraníííísimo— los fines de semana con tu canto. Atesoraste cada segundo de la vida que compartiste con nosotros. Quizá en cierto modo sabías, tal y como yo temía, que tu vida sería corta. Cada momento a tu lado fue hermoso, incluyendo las incesantes canciones de madrugada, pero en especial la forma tan mágica con la que me hiciste creer que podía lograr cualquier cosa que me propusiera. El amor que compartimos me llena el corazón hasta el día de hoy, y eso es algo por lo que estoy profundamente agradecida.

Mamá, gracias por ser el epítome de la belleza, la inteligencia y la gracia. Gracias por enseñarnos a través del ejemplo que, aunque la vida te dé limones, hay que maquillarse, peinarse y hacer limonada. Gracias por estar siempre de mi lado y apoyarme de forma inquebrantable. Saber que siempre estás ahí significa más de lo que soy capaz de expresar.

Por cada vida que sobrelleve en este plano terrenal, espero que mi hermano me acompañe. **Mehtab**, tu visión equilibrada y honesta es parte de lo que te hace increíble. Gracias por todo tu apoyo, orientación y amor durante las decisiones que he tomado en la vida, tanto las grandes como las pequeñas. Gracias sobre todo por obligarme a volver a Crate & Barrel para comprar esa cama rosa de terciopelo porque, como expresaste ese día con absoluta elocuencia, si quería tener una enorme cama ridículamente costosa después de todo lo que había vivido, entonces debía volver y comprarla. Ah, y gracias sobre todo por crear una increíble familia propia que mi hija y yo adoramos.

Si le preguntan a mi hermana cómo era nuestra relación cuando éramos niñas, les contará que se parecía a la de Marsha y Jan de la familia Brady. Hubo mucho "Marsha, Marsha, Marsha". Pues bien, **Puneet**, más te vale que escribas pronto tu propio libro o seguiré jorobándote. ¡Es broma! La verdad es que siempre sentí que estuve a tu sombra. Eres un alma desmesuradamente brillante, sensata y diplomática. Ser tu hermana es una bendición. Saber que siempre me escucharás, que te importa y que amas a mi hija como si fuera tuya me brinda una inmensa alegría. Y ni hablemos de lo mucho que amo a las personitas que tú trajiste a este mundo.

Si alguien necesita a la amiga, confidente y pilar de apoyo por excelencia, que no busque más: **Sheena** es la indicada. Gracias por las risas y los llantos, por los altibajos y por toda la inspiración e intuición. Eres a quien más quiero tener de mi lado siempre. Tu amistad inesperada ha sido un auténtico regalo.

La noche en que murió la Princesa Diana, perdimos una princesa, pero yo gané una amiga. Esa noche, mientras estábamos en tu habitación de la residencia universitaria (porque tú eras la única que tenía tele) viendo las noticias sobre la muerte de la Princesa Diana, no me imaginé que algún día serías mi mejor amiga, **Mindi**. Hemos compartido muchísimas cosas: novios, desamores, la muerte de nuestros padres, noches de juegos por Zoom durante la pandemia y mucho más. En todo momento he sabido que puedo contar con tu visión honesta y considerada. Siempre me has escuchado y ayudado. Miles de gracias por ser tú y por siempre permitirme ser yo.

Este libro no habría visto la luz de no ser por mi increíble editora, **Allison Landa**. Gracias por creer en este proyecto, por impulsarme a añadir más escenas y diálogos cuando yo creía que era incapaz de agregar otra cosa, y por las porras y el aliento. Tus ideas y tus perspectivas llevaron este libro adonde estaba destinado a llegar, y por eso siempre estaré eternamente agradecida.

Gracias al equipo de diseño y publicidad de **Little Men Roaring** por siempre escuchar mis ideas descabelladas y traducirlas a algo mucho mejor de lo que habría imaginado jamás. Estoy muy agradecida por sus contribuciones a este proyecto y por su inmensa paciencia durante mi curva de aprendizaje.

Nunca pensé que el día en que **María Guzmán** dijo "El mundo hispano te necesita" sería el comienzo de algo tan espectacular. Gracias, María, por ser la inspiración detrás de esta hermosa aventura por América Latina. Es un honor tenerte en mi equipo y llamarte mi amiga.

Por último, gracias a mis colegas de **Connor Group** por la flexibilidad, el apoyo, la paciencia y la amistad que me brindaron durante el periodo más difícil de mi vida. Sé que fui una pésima compañera de trabajo en mis peores momentos de tristeza y desesperación. Permití que el drama de mi vida me abrumara e influyera en mi trabajo. Gracias por tenerme compasión mientras evolucionaba hacia mi nueva normalidad y hasta que llegué al otro lado. Y gracias sobre todo a mi colega y amiga **Maisha**, quien me regaló el hermoso diario que cambiaría la trayectoria de mi vida para siempre. Gracias por contribuir a que se detonaran mis ganas de escribir, Maisha.